榆林市科技计划产学研项目（项目编号：CXY-2020-015-05）

政府预算绩效管理理论与实践

李　霞 / 著

中国商业出版社

图书在版编目（CIP）数据

政府预算绩效管理理论与实践 / 李霞著 . -- 北京 : 中国商业出版社 , 2022.6

ISBN 978-7-5208-2100-1

Ⅰ . ①政… Ⅱ . ①李… Ⅲ . ①国家预算 – 经济绩效 – 预算管理 – 研究 – 中国 Ⅳ . ① F812.3

中国版本图书馆 CIP 数据核字（2022）第 114385 号

责任编辑：刘加莹
策划编辑：武维胜

中国商业出版社出版发行
（www.zgsycb.com　100053　北京广安门内报国寺 1 号）
总编室：010-63180647　编辑室：010-83128926
发行部：010-83120835/8286
新华书店经销
北京亚吉飞数码科技有限公司印刷
*
710 毫米 ×1000 毫米　16 开　12 印张　202 千字
2023 年 3 月第 1 版　2023 年 3 月第 1 次印刷
定价：75.00 元
* * * *

前言

自1993年美国国会通过《政府绩效与结果法案》以来，预算绩效管理的理论和方法就一直受到各国政府和学界的双重关注。预算绩效管理既是政府绩效管理的重要组成部分，又是提升政府管理效能的重要抓手，已广泛运用于发达国家并逐渐为发展中国家所采用。加强预算绩效管理，进一步提高我国财政管理水平，是深入贯彻落实习近平新时代中国特色社会主义思想的必然要求，是完善政府绩效管理制度、深化行政体制改革的重要举措，对于加快转变经济发展方式，促进建设高效、责任、透明政府具有重要意义。

当前，我国的预算绩效管理工作实践取得了积极进展，但是我们也应清醒地认识到，预算绩效管理工作中还存在一些不足，面临不少困难与问题。为此，特撰写本书，以期为新时代政府预算绩效管理理论与实践做出有益的探索。

本书共六章：第一章为政府预算绩效管理概述，对预算管理、政府绩效、政府预算绩效管理等相关概念进行了剖析；第二章为政府预算绩效管理的理论依据与经验借鉴，试图总结政府预算绩效管理的理论依据和国内外地方政府预算绩效管理实践经验，从而为我国政府预算绩效管理做出方向性指导；第三章为政府预算绩效的目标管理，具体内容涵盖目标管理的基本内涵、预算绩效目标的设计、预算绩效目标管理的实施以及预算绩效目标管理的优化；第四章为政府预算绩效评价体系的构建，在对预算绩效评价进行概述的基础上，研究了预算绩效评价方法、预算绩效评价的流程以及如何建立完善的预算绩效考评体系；第五章为政府预算与绩效管理的支撑与保障，从预算绩效管理的技术支撑、政府绩效管理的法制化、政府预算绩效管理的审计与监督3个方面进行了探索；第六章为政府预算绩效管理的发展展望，主要内容包括政府预算绩效管理的现状、政府预算绩效管理的改革以及政府预算绩效管理的信息化发展。

本书在写作过程中注重理论和实际相结合，对新时代政府预算绩效管理工作进行了深入研究与探索，具有现实指导性。

此外，本书在写作过程中，参阅了许多相关的著作、论文，汲取了诸多有益的成果、见解，在此向相关专家学者致以诚挚的谢意。由于作者水平有限，书中疏漏之处在所难免，敬请同行专家、学者和广大读者批评指正。

作　者

2022年1月

目　录

第一章

政府预算绩效管理概述

在当前经济全球化的背景下,日益复杂的国际形势对一国政府的综合治理能力和现代化治理水平提出了更高要求。政府预算绩效管理作为政府治理的有力抓手以及促进责任政府、服务政府、有效政府建设的有效途径,已成为各国聚焦的热点问题。

第一节　预算管理

一、预算的内涵

（一）预算的定义

我国的政府预算是经法定程序审核、批准的国家年度财政收支计划，其反映了国家财政收入的来源和数量以及财政支出的用途和数额，规定了政府经济活动的范围、方向和规模。我国《预算法》规定“国家实行一级政府一级预算”，共设立了中央、省（自治区、直辖市）、市（自治州）、县（自治县）、乡（民族乡、镇）五级预算。

（二）预算的内容

我国的预算由预算收入和预算支出组成。预算包括了一般公共预算、政府性基金预算、国有资本经营预算和社会保险基金预算，即人们通常所说的政府部门的“四本账”。

1. 一般公共预算

一般公共预算是对以税收为主体的财政收入，安排用于保障和改善民生、推动经济社会发展、维护国家安全、维持国家机构正常运转等方面的收支预算。一般公共预算也是通常意义上所指的财政拨款。

2. 政府性基金预算

政府性基金预算指按照法律、行政法规的规定在一定期限内向特定对象征收、收取或者以其他方式收集的资金，专项用于特定公共事业发展的收支预算。政府性基金预算的原则是以收定支。

3. 国有资本经营预算

国有资本经营预算是指对国有资本收益做出收支安排的收支预算。国有资本经营预算要求收支平衡，不列赤字，并安排资金调入一般公共预算。

4. 社会保险基金预算

社会保险基金预算指对社会保险缴款、一般公共预算安排和其他方式筹集的资金，专项用于社会保险的收支预算。社会保险基金预算要做到收支平衡。

(三)预算收支范围

1. 一般公共预算

一般公共预算收入包括各项税收收入、行政事业性收费收入、国有资源(资产)有偿使用收入、转移性收入和其他收入五大类。其中税收收入是其主要收入来源。

一般公共预算支出按其功能分类，包括一般公共服务支出，外交、公共安全、国防支出，农业、环境保护支出，教育、科技、文化、卫生、体育支出，社会保障及就业支出和其他支出六大类；一般公共预算支出按其经济分类，包括工资福利支出、商品和服务支出、资本性支出和其他支出四大类。

2. 政府性基金预算、国有资本经营预算和社会保险基金预算

政府性基金预算、国有资本经营预算和社会保险基金预算的收支范围，按照法律、行政法规和国务院的有关规定执行。

(四)预算的意义及作用

(1)规划。预算是国家、企事业单位和公民个人对未来一段时期内的资金收入情况进行的预测和使用状况做出的计划，是财务管理的重要组成部分。通过预算可以使决策的目标更加具体化、系统化和定量化。对经济业务设定一个具体的目标，能让资金的使用有一个明确的方向，并对后续工作业绩有一个评价的标准。

(2)控制。预算是经过法定程序、通过集体决定的，对其集体中的每一个部门、单位和个体都有约束力。将年初的预算和实际执行进度中的数据进行对比，对出入较大的数据进行分析，便于及时发现问题，从而找出背后的差异并深究其原因，针对问题所在“对症下药”、调整业

务、改变状况。同时,通过预算目标与绩效管理相结合,可以考核部门和员工的工作业绩,并配合以管理报告和奖惩措施,以有益于单位的长足发展。

(3)引导。预算体现了国家、企事业单位和公民个人对未来的谋篇布局,具有一定的战略性,让做出预算的个体有行动的指引,同时也能够降低经济业务潜在的风险。因为预算编制时对每一项的项目支出都做了一个大概的统计,既分析了项目实施的必要性,也估计到项目所需经费的额度范围,能够促进理性消费、减少浪费的情况,有助于节约办事、降低成本,并促进有限的资源得到更加合理的分配和应用。

(4)协调。预算是整体的活动而不是孤立的,其能调动位于整体中的每一个单位和个体,让团结和互助的氛围更加浓厚,从而促进整体的稳步发展。预算的编制和执行都体现了受托人和委托人、集体和部分的相互作用。全面预算体系中的数据可以帮助单位衡量人、财、物的规模和比例,可以用来作为调度与分配资源的重要依据之一。

二、预算管理理念的发展

公共预算的产生与立法机关对支出控制的要求密切相关。在英国等老牌资本主义国家中,立法机关经过与君主政体的长期较量最终控制了税收。在取得课税、修改税法和批准税收提案的权力之后,立法机关把注意力转向支出控制与结果,立法机关要求每年提送预算报告,包括支出说明书和收入说明书,这可以看作现代预算的起源。

与早期预算相比,现代预算具有如下特征:(1)统一性,即要求包括政府的一切事务;(2)年度性,即基于立法的目的,政府每年都要向立法机关呈递预算;(3)明确性,即应让公众及其代表能理解并审查其内容;(4)公开性,即要求预算成为公开文件,其内容能被全社会了解;(5)实务性,即要求预算适合于作为政府内部的管理工具。

从不同的角度可以对预算做不同的界定。从立法机关的角度讲,预算是表述立法机关意向的工具,这意味着预算要明显地表述政府活动的范围和目的,并且确保对公共开支进行有效的控制。

从决策者的角度看,预算是促进政府政策的工具。预算的目的在于促进特定的政策目标,它具有三大基本功能,即资金配置、经济稳定和再分配功能。在配置功能中,政府预算将财政资金在相互竞争的各项需求之间进行分配,并根据目标的重要性确定资金分配的优先顺序。经由预算的资金配置功能,政府得以向公众提供诸如国防、法律、教育和其他各种形式的公共服务。就再分配功能中,政府预算的实施可以促进不同人群之间的利益分配更为合理,更符合社会上大多数人的意愿。鉴于所有的政府公共政策必须通过预算来体现,政府预算代表了公共政策的实质含义,对政府施政的绩效有深远影响。

预算还是管理的工具。好的政策依赖好的预算管理,在旨在促进政策目标的整个资金流动过程中,预算管理起着关键性作用。早期的预算管理更多地强调合规性,对公共资金使用所产生的结果——例如,效率情况——未给予充分关注。第二次世界大战后的主题则从“合规”转向“明智”,后者要求经批准的预算得到有效而经济的执行,用较少的成本完成满意的工作。20 世纪 50 年代美国率先采用的绩效预算(又称规划预算)强调成本计量,从注重投入转向注重产出,并试图计量政府机构的生产率。20 世纪 80 年代追求效率有更多的动力,人们认为政府必须如同一个公司那样行事,确定财政资源使用的效率与产生的成果。现代预算管理方法认为,片面地强调“忠于预算”的传统理念已不适应环境变化的要求,赋予支出机构中以“管理灵活性”对于有效地利用资源达成既定目标非常重要。

三、预算管理是公共管理的核心

在每个社会中,国家在两个层面上同其人民建立起基本的财政联系:(1)以适当的方式从经济中征集公共资源——例如,税收和公债;(2)有效地分配和使用公共资源。政府预算管理面对的就是公共资源的“获取和使用”问题。获取和使用公共资源正是公共组织(包括政府)区别于非公共组织的基本特征,也是公共组织开展活动、履行职责、实践使命的前提和基础。正是在这个意义上,预算管理构成了现代公共管理的核心和关键。没有良好的预算管理,就不可能有良好的公共管理。

预算管理在本质上是工具性的。在现代社会中,预算是政府最重要的政策文件——实现政策目标最重要的工具。预算不仅是政府的财务计划,更是一个将人民的意愿和资源转化为政府政策行动、促进政策目标实现的强力工具。预算管理与政策密切相关,但它不同于政策。政策高于预算,但又必须受预算的约束。预算是实现政策——核心是财政政策——的工具。财政政策涉及的是“需要做什么”,预算管理涉及的是“需要怎样去做”,两者之间存在基本的差别;此外,在需要的实施机制、技术、技能和数据要求方面,好的政策与好的预算管理之间也存在着很大差异。

四、预算管理与绩效导向

一般而言,预算管理系统设立的核心目标都是取得较优的绩效。绩效是个相对的概念,可以根据努力或结果来定义和计量。其中,“努力”可以用投入概念测度,投入越多说明努力程度越大;但是,测度绩效更好的概念是结果指标,主要包括产出和成果,或者这两者的结合,如过程指标。概括言之,绩效可能与投入、产出、成果、过程等因素相联系。

在任何时候,服务质量都需要受到明确的监督,如若不然,使用量化的绩效指标可能有损服务质量。不存在一个普遍适用的绩效标尺(指标)。作为一般规则,所采用的绩效标尺的合适性取决于服务的性质和所处的特定环境。另一个通用规则是:只要计量绩效被证明是适当的并且具有成本有效性,绩效计量就应该将投入、产出、成本、过程、成本有效性这些标尺综合起来,用以评估绩效并应用于特定活动、部门和国家。

毋庸置疑,好的绩效标尺具有十分积极的作用,其能够加强预算管理的经济性、提升预算管理的工作效率。需要特别注意的是,绩效标尺需要满足“CREAM”标准,即这些标尺是清晰的(clear)、相关的(relevant)、经济的(economic)、充分的(adqeate)和可监督的(monitorable)。倘若有一个标准不满足,那么就不能认为是一个好的绩效标尺。

五、政府财政预算的功能

众所周知,财政预算的主体是政府,其编报、执行主体为政府各部门及其预算单位,这些部门或单位又是基于实现现代国家在政治、经济和社会三大管理职能而采取的行动,因此,财政预算融合了经济维度的资源配置和政治维度的管理绩效,在市场经济体制和公共财政制度下,现代政府的财政预算必然也体现在经济功能、政治功能和社会功能三大方面(见表 1–1)。

表 1–1 政府财政预算功能

预算功能	内容
经济功能	核心内涵是通过预算计划,为政府和市场的关系首先做一个边界限定并通过“内优化、外促进”来实现整体宏观经济的良好运转。实现路径上通过两大子功能来实现:一是计划功能。即通过政府收支的财务计划,一方面直接将政府内部资源分配的活动范围、内容、方向做出限定,从权力约束和公共资源内部配置两大角度来实现这一部门公共部门所掌握资源的分配和使用效率;另一方面则是间接地通过财政预算“表内”所列、“表外”未列项目的总量与结构安排,将市场与政府的经济活动边界直观地做出一个大的分割框架。二是调控功能,即可通过有导向的、有目的的预算安排计划,对整个宏观经济发挥特定的经济调控作用,如赤字预算的政策以及与相机扶持财政政策所对应的预算收支计划安排,预算体系中的国债安排等
政治功能	核心宗旨是“好政府”的构造,即为现代政府的治理能力所服务。实现路径包括:一是政策工具功能,即财政预算本身就是政府进行综合治理的过程中所需要牵涉财政资源方面的政策工具手段,财政预算本身即为政府治理的公共政策;二是管理工具功能,即财政预算是政府公共管理活动的“经济支撑”,公共管理水平的提高与完善离不开财政预算的服务与配合;三是纲领控制功能,即财政预算在宪政角度是对各公共部门权力的一种约束,通过财政预算,可控制政府活动及其边界,并为各部门的行动提供纲领性的导向
社会功能	核心要义是展示政府活动的公共性,即按照契约论视角下的服务型政府角度,财政预算应该突出地显示出政府治理的根本目的是满足社会成员的公共需要。实现路径包括:一是信息披露功能,即透明预算的构建、财政预算的收支计划可以为社会成员参与国家治理提供信息支持和披露的平台;二是回应反馈功能,即财政预算应是对社会成员在特定背景下的公共需要的一种回应,应能通过公共收支的计划来实现满足民众公共需要的目的,突出表现就是“民生项目”的安排与实现

第二节 政府绩效

一、绩效的含义

“绩效”(performance)是从企业管理领域引入公共管理领域的。单单将这一词语从字面上进行理解,可以理解为“成绩”和“效果”;

深入挖掘其英文原意，有两个方面的解释：一是表示过程的“履行、执行”；二是表示结果的“表现、成绩”。通过结合学术界对绩效的解释，本书认为，绩效可以定义为某个主体通过执行某项任务或者行为的过程而取得的不错的成绩或效果。

二、政府绩效的内涵

一般而言，政府绩效主要包含政治、经济、文化、社会这4个方面的绩效内容。很多学者认为，政府绩效可以理解为政府在社会经济活动中的结果效益，这一效益既体现了政府的管理能力，也体现了政府管理工作的效率、效能。但也有学者认为，政府绩效的内涵有待进一步明确，政府绩效的要素结构尚未有统一的定义。本书认为，政府绩效是指政府在履行自身职能、提供公共服务、实现组织目标过程中所产生的积极行为和效果。政府绩效在实务中都离不开财政资金的使用问题，最终就是要求政府努力“用更少的钱做更多的事”。

第三节 政府预算绩效管理

一、预算绩效管理的起源

预算绩效管理是指一种适应服务型政府要求的，以财政效率为核心的公共管理模式。

（1）预算绩效管理是一种公共管理模式。它由绩效目标、绩效拨款（预算）和绩效评价3个基本环节组成，如图1-1所示。与之相对应的是过程管理模式。

（2）预算绩效管理产生于服务型政府。它是建立在政府“四个再造，一个环节”基础上的，是支撑服务型政府的核心制度。

（3）预算绩效管理是以财政效率为核心的理性公共管理模式。财政效率贯穿于政府运行的各个环节，预算的编制乃至公共决策都应按财政效率的要求进行。

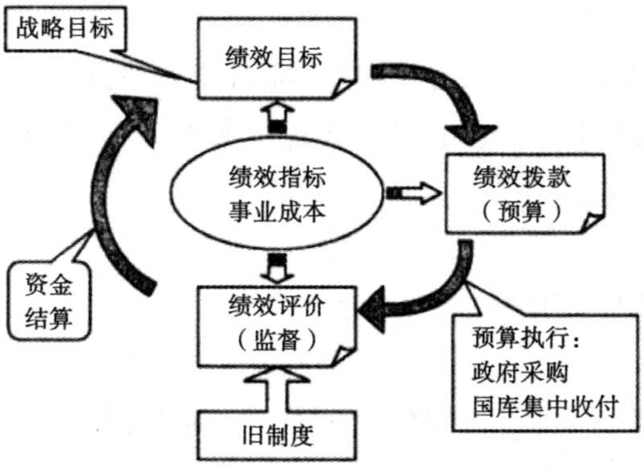

图 1-1　预算绩效管理的流程[①]

二、预算绩效管理的概念

（一）绩效管理

在对“绩效”内涵进行理解的基础上，可以将绩效管理定义为把人、财、物等进行科学整合和合理配置，并以此为根据，开展后续的绩效目标设置、绩效评价体系构建等一系列活动，最终达到提升相关企业、政府单位或者人员工作效率的目的，并可以最大限度地避免资源浪费。

（二）预算绩效

预算绩效可以理解为预算资金所达到的产出和结果，在此基础上的预算绩效管理则可以理解为一种以支出为导向的预算管理模式。预算绩效管理作为政府工作的一部分，其具有非常重要的地位和作用。在相关工作人员进行政府预算绩效管理的过程中要始终将为人民服务理念放在心中，关注支出和结果，对预算支出的综合效益进行及时把控，从而更高质量地为广大人民群众提供公共服务。

三、预算绩效管理的主体

在进行制度建设的时候，最先要明确的问题是主体、客体和内容。通常情况下，预算绩效管理的主体可以分为两个部分，即委托人和受托

① 范柏乃．政府绩效管理[M]．上海：复旦大学出版社，2012.

人。预算绩效管理的委托人是政府和财政部门,预算绩效管理的受托人是预算的各支出部门和单位。

四、政府预算绩效管理的分类和模式

(一)政府预算绩效管理的分类

以资金的性质和内容为划分依据,可以将政府预算绩效管理分为如下几类。①

1. 按预算资金的性质分类

以预算资金的性质为划分依据,可以将预算绩效管理分为预算收入绩效管理以及预算支出绩效管理。

(1)预算收入绩效管理的对象是预算收入,管理的主要内容为预算收入的规模、结构、质量等。预算收入绩效管理以提高预算收入对政府履职保障程度为目的。

(2)预算支出绩效管理的对象是预算支出,管理的主要内容为预算支出的性质、投入、范围、效果等。预算支出绩效管理以提高预算支出的经济性、效益性、公平性为目的。

2. 按预算支出的范围分类

以预算支出的范围为划分依据,可以将预算绩效管理分为基本支出绩效管理、项目支出绩效管理、部门整体支出绩效管理和财政预算绩效管理。

(1)基本支出绩效管理的对象是部门基本支出,管理的主要内容为基本支出对部门的保障程度。基本支出绩效管理以确保完成工作任务和部门正常运转为目的。

(2)项目支出绩效管理的对象为项目支出,管理的主要内容为项目实施的成果。项目支出绩效管理以推进主体完成特定工作任务或事业发展目标为目的。

(3)部门整体支出绩效管理的对象为部门预算资金,管理的主要内

---

① 财政部预算司.中国预算绩效管理探索与实践[M].北京:经济科学出版社,2013.

容为部门整体支出的结果。部门整体支出绩效管理以促进部门高效履职为目的。

（4）财政预算绩效管理的对象为一级政府财政预算，管理的主要内容为特定阶段内政府财政预算所达到的总体产出和结果。财政预算绩效管理以促进政府透明、责任、高效履职为目的。

3. 按预算支出的级次分类

以预算支出的级次为划分依据，可将预算绩效管理分为本级支出绩效管理和上级对下级转移支付绩效管理。

4. 按预算支出的功能分类

以预算支出的功能为划分依据，可将预算绩效管理分为各种功能性支出绩效管理，如一般公共服务支出绩效管理、教育支出绩效管理、科学技术支出绩效管理等（见图 1–2）。

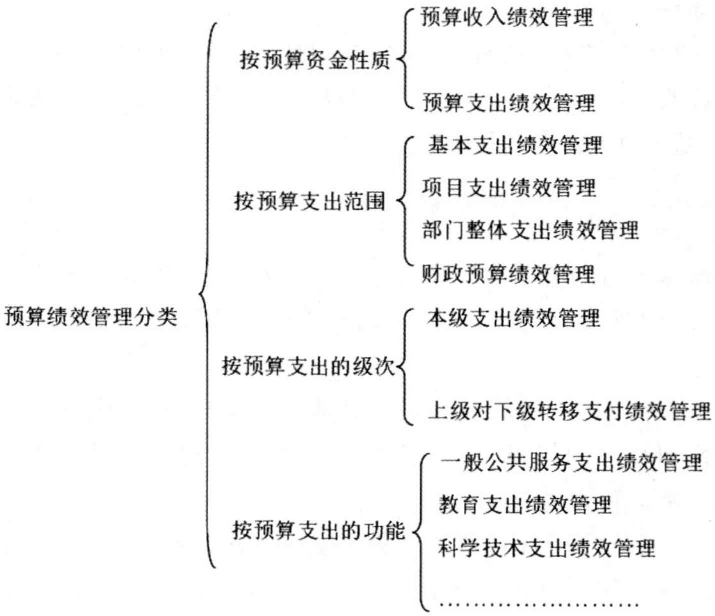

图 1–2　预算绩效管理分类[①]

① 钱祺．山东省预算绩效管理研究与实践[D]. 济南：山东财经大学，2015.

（二）政府预算绩效管理的模式

1. 绩效目标管理

（1）设定绩效目标。绩效目标包括绩效内容、绩效指标和绩效标准。在编制下一年的预算时，预算方应根据国家预算编制委员会的一般要求、财政部门的具体安排、国家经济和社会发展规划等，以科学和合理的方式计算对所需支出，制订出切实可行的预算执行计划并提出清晰的绩效目标。提出的绩效目标应与管理目标密切相关，具体、可衡量和可在一段时间内实现。预算绩效计划规定了为实现绩效目标而采用的工作程序和方法、资金要求和信息来源，并规定了明确的责任和分工。

（2）审查绩效目标。财务部门以有关国家政策、财政支出的方向和重点以及事业发展规划等依据，审查单位制定的绩效目标，包括绩效目标与预算绩效规划的关联性、实现绩效目标的程序的可行性、绩效目标设置的科学性等。如绩效目标未达到要求，财务部门则要求制定方进行调整；如绩效目标顺利通过审查，则进入随后的预算编审流程。

（3）核准绩效目标。在各级人民代表大会审查和核准财政预算后，财务部门应该在本单位预算规划执行过程中同时核准绩效目标。核定的绩效目标应当明确，以便监测预算执行过程，并在预算完成后对绩效评价的执行情况进行比较。

2. 绩效运行跟踪监控管理

绩效运行跟踪监控管理是政府预算绩效管理又一非常重要的部分。相关工作人员应该认真做好绩效运行跟踪监控工作，在完善相关机制、定期收集和分析绩效信息、把握绩效目标的基础上，摆正绩效管理这艘小船的航向，使其不偏航，沿着既定航线正确行驶，纠正偏差和加强优势，促进绩效目标的顺利实现。

3. 绩效评价实施管理

预算支出绩效评价是绩效管理的重中之重。在执行预算程序流程完毕后，应该及时进行绩效评价，也就是评估预算资金的产出和结果。为了保证绩效评价的顺利、科学进行，有必要制订切实可行的绩效计划、选择恰当的绩效评价方法、设计适宜的评价指标体系。本单位可以将自身作为评价对象，再对预算执行情况进行评估后形成一定的评估报告，并分析未达成绩效目标的缘由。组织和执行预算绩效评价的一方，应公平、公正地进行评价并出具评价报告，此外还应对工作中出现的问题进行总结，设法提高工作效率。财务部门等监督审计方应对预算评价流程进行监督、审查，并就流程中出现的问题提出意见和建议。

4. 绩效评价结果反馈和应用管理

在预算绩效管理中，还有一项必不可少的工作，就是建立绩效评价结果反馈和应用制度。绩效评价并不是简单地走流程，其结果具有十分重要的参照价值。通过绩效评价结果反馈，能够使相关人员及时反思自身的工作，查漏补缺，对管理制度和管理措施进行优化，从而提升管理水平，节约各环节的人力、物力、财力；能够充分发挥激励机制的作用，对于工作效率高的单位和个人予以表扬和奖励，对于阻碍本工作发展的个人或者集体予以批评甚至是惩罚；能够将评价结果作为下一年度预算绩效管理计划制订的凭据，使得政府工作愈加完善。需要特别注意的是，绩效评价的结果应该向法律规定的对象报告，既为别的单位提供参考，也便于本单位接受管理监督。相关部门要逐步提高绩效结果的透明度，并向公众公开，特别是对于一些引起公众关注和重大影响的民生项目和重点项目的支出绩效情况。

五、预算绩效管理框架

（一）战略导向框架

20 世纪 80 年代，随着新公共管理运动的蓬勃发展，导向预算绩效管理从企业引入了政府绩效评价体系。传统的预算绩效体系缺乏资源分配规划、长期发展目标和对外部环境的敏感性，而仅限于固定的对账制度。然而，政府的严重赤字和效率低下，以及全球信息化和市场化带来的新挑战，使政府进入了预算绩效改革的关键时期，以战略为导向的预算绩效的改革则顺理成章地登上历史舞台。

当时，面向战略的预算绩效管理成为西方国家改革的核心。第一，极强的相关性和目的性是战略导向的特征，以战略为导向的预算绩效管理能够使得领导者更加注重单位的长期发展，也能够更加清晰地表明政府组织的性质。第二，与过去政府组织及员工绩效评价较为独立的状况不同，以战略为导向的预算绩效管理能够协调和管理组织及个人的绩效，专业人员往往在本组织绩效管理方面进行考评。过去，个人绩效评估和组织的绩效管理无法协同增效，对预算绩效管理的科学性和准确性造成了极大的影响，也因此预算绩效管理的结果无法具有极大的参考价值。而以战略为导向的预算绩效管理将组织和个人联系在一起，使得绩效评价具有统一性和连贯性。第三，面向战略的预算绩效管理更加具有完整性。传统的绩效管理将重点仅仅放在绩效评价上，而忽视了绩效管理的其他各环节，因此具有片面性，相关人员也无法根据绩效评价结果对绩效评价管理进行修正，致使管理水平和工作效率都得不到提高。需要特别注意的是，绩效管理好似一辆挂有很多车厢的列车，这些“车厢”名为目标、运行、监督、评价，等等，并不只有一个车头，这些部分构成了绩效管理的一个整体，否则，绩效管理就不能完全发挥作用。

面向战略的管理模式更加注重确定战略管理的目标，明确清晰的目标是其进一步评估的基石。总体而言，需要将目标系统转化为标准化的、可衡量的指标，并将其与外部和潜在的绩效管理标准进行比较。在执行过程中，每个人都需要对结果负责，从而使每个人都负有相应的责任，不会因为缺乏责任而失去动力。要执行整个战略，就必须有信息系统的支持。由此，工作人员可以根据所获得的信息对政府资源进行管理。另外，战略绩效观念等软文化也对预算绩效管理工作发挥效用，通常情况下，人们的战略绩效意识也是预算绩效进展的基础。由图 1-3 可知，面向战略的管理模式可分为两部分，即战略管理和运作管理，它们通过确定目标和评价结果相互联系。战略管理既受内部评估，也受外部评估，在这种条件下，信息持续不断地反馈使整个管理流程时刻处于不断接受监督审查的状态。这种模式能够使资源得到充分利用，相关工作人员也能够清晰、简洁地梳理政府管理工作，为政府预算绩效管理“添砖加瓦”。

（二）结果导向框架

经过 5 年的研究，美国责任和绩效中心建立了注重结果的预算绩效管理体系，该体系的突出特点是强大的分级和系统性、可操作性，其核心在于责任明确，可以改进，可以整合各种组织资源，并协调每项组织工作。

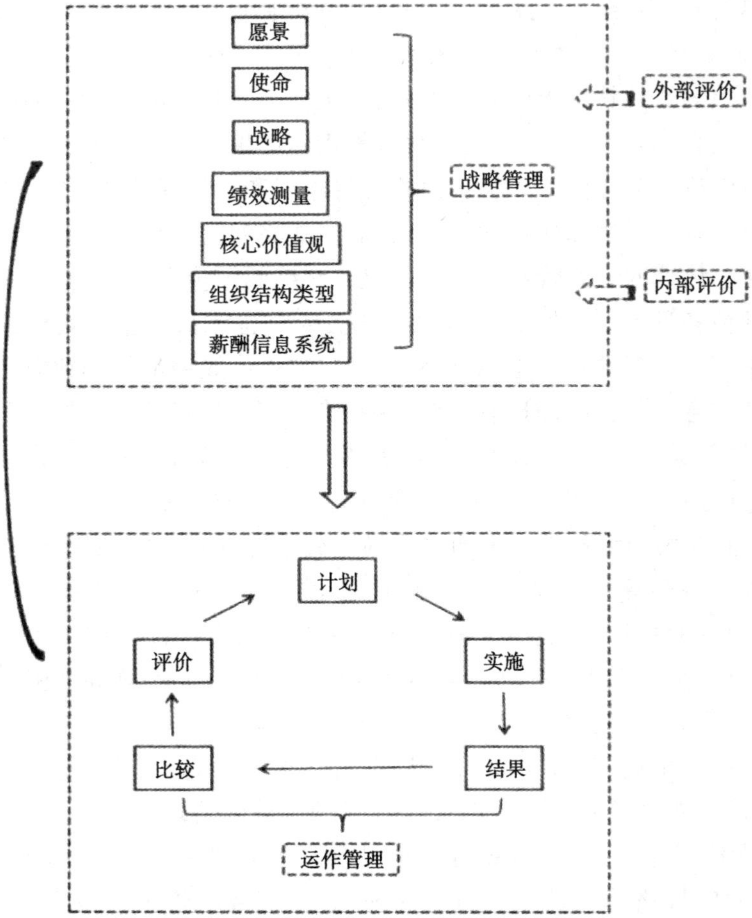

图 1-3 战略导向预算绩效管理①

如图 1-4 所示，注重结果的预算绩效评价体系分为 3 个方面：投入、产出和结果，其中涉及提供公共服务的过程。投入指按预算绩效分列的目标的执行情况，产出表明执行过程的效率，结果是实际完成的效果。这 3 个方面相互影响并相互依存，这 3 个部分的位置固定，不可以进行调换，它们的顺序不同，作用也不同，考核的标准也就不同。注重结果的预算绩效是一个自上而下的管理系统，从政府的战略目标出发，结果是其最终标准，投入和产出是检测指标，因此，投入和产出指标的选择也取决于结果指标。许多政府部门处于生产过程的中间阶段，又很难成为

① 许梦博，翁钰栋．政府预算绩效指标框架和指标库建设研究 [M]. 北京：人民邮电出版社，2016.

一种中间产品，因此量化分析非常困难，定性分析很普遍，因此产出和投入指标具有实际意义。鉴于政府工作效果的多元化和相关利益方的多样性，评估是多层面的。美国责任和绩效委员会将绩效评价分为 6 个层面，并从 6 个方面评估政府工作：投入、能量、产出、结果、效率成本和生产力。划分维度针对不同国家和不同对象也各不相同。在中国香港，则划分为 4 个维度：目标、顾客、过程、组织和员工。

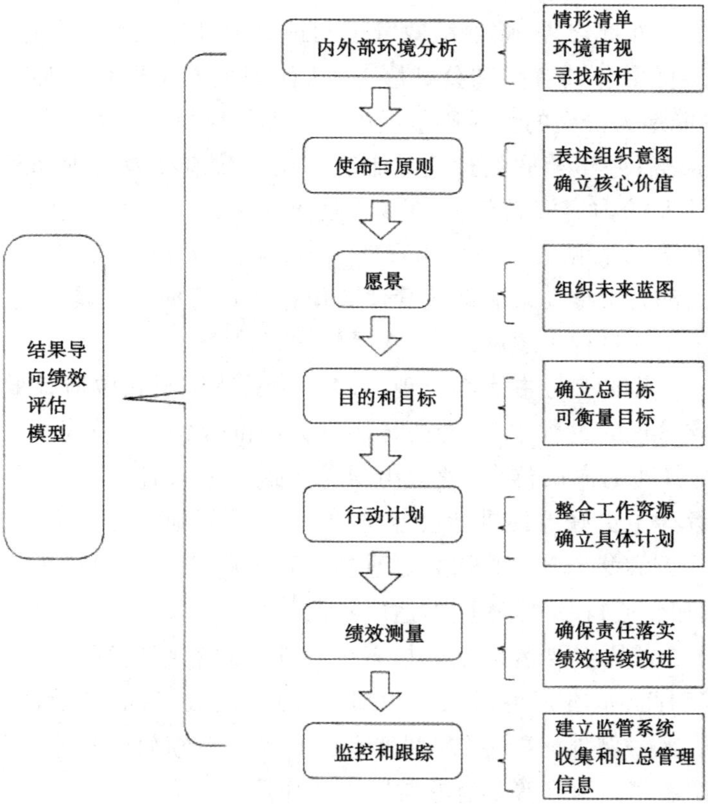

图 1-4　结果导向预算绩效模型[①]

① 许梦博，翁钰栋．政府预算绩效指标框架和指标库建设研究[M]．北京：人民邮电出版社，2016.

六、预算绩效管理与政府绩效管理的内涵辨析

（一）政府绩效管理与预算绩效管理的共同特性

（1）二者的核心价值理论是一致的。因为政府绩效管理和预算绩效管理的组织性质表现为公共性，因此，它们都需要最大限度地整合配置资源，以期达到公共利益最大化的目标，从而保障经济社会的良性、健康发展。除此之外，政府绩效管理和预算管理还能够长久地、持续不断地提供优质公共产品和公共服务，从而满足人民群众各种各样的需求，尽可能地为群众的生活质量提供强有力的保障。

（2）二者基于相同的理论基础和方法。政府绩效管理和预算绩效管理所涉及的内容涵盖经济、管理、法律等学科，它们的主要理论基础和理论方法都来源于经济学和管理学。无论身处何方，各个国家、各个行业的人都力求推动政府绩效管理和预算绩效管理的发展，使它们在不断探索运用的过程中逐渐丰富，变得更加完善。

（3）二者的参与主体都呈现出多元化的特征。在政府绩效管理和预算绩效管理的过程中，参与主体表现为两部分：一是政府相关工作人员；二是普通的人民群众、社会组织等。这些来自各行各业、不同利益的相关者为了更好地促进社会经济的发展、更好地享受社会公共管理，从四面八方聚集起来，积极主动地参与到政府绩效管理和预算绩效管理，并相互交流，在一定程度上达成共识。

（4）二者的主要运行流程具有一致性。政府绩效管理和预算绩效管理在流程上基本都可以划分为绩效计划、绩效目标、绩效评价、绩效监督等。无一例外，这一系列井然有序的流程对绩效管理水平的提升、人员工作效率的提高等都有非常重要的作用。

（5）二者都需要法律支撑和基础政策保障。第一，二者都需要法律支撑。无论是政府绩效管理还是预算绩效管理，都需要依法行政、依规行事。相关法律既能为二者的存在和运行提供法律保证，也能使二者的各项活动合法化，同时还能促进社会经济的持续健康发展。第二，二者都需要基础政策保障。“无规矩不成方圆”，基础政策的存在无疑是为政府绩效管理和预算绩效管理指明了方向、做出了具体行为规定，如规划建立绩效管理体系、制定绩效评价指标体系等。通过制定相关法律和基础政策，政府绩效管理和预算绩效管理被赋予了法制化和政策化的特

性，从而保障了相应工作的高效开展。与此同时，离不开配套的人才、技术和基础设施，这些都是绩效管理体系正常运转的重要保证。

（二）政府绩效管理与预算绩效管理之间存在的差异

（1）二者的指向对象不同。就政府绩效管理而言，其落脚点在于政府组织及其活动，而预算绩效管理的落脚点在于预算管理。因此，前者的研究对象是政府及其活动的深层次规律和要义，后者的研究对象是预算管理的相关内涵。

（2）二者的研究侧重点不同。因为政府绩效管理和预算绩效管理的指向对象即研究客体不同，所以研究侧重点也有所区别。前者更加注重研究政府机构设置和职能履行、行为活动的规范性和合法性、执行过程的有效监督等；后者则更加注重研究预算绩效管理体系的规划、执行过程的目标设置、评价指标体系建立等。

（3）二者发挥的作用不同。财政管理和预算管理是政府行为中必不可少的一部分，它们为政府的日常活动提供物质基础和保障。因此，可以认为，政府行政行为对预算管理的计划和实施起决定性作用。政府绩效管理的发展情况很大程度上取决于政府管理的状况，而政府绩效管理的发展情况又很大程度上对预算绩效管理的发展造成影响。与此同时，预算管理在政府一系列管理活动中可谓具有举足轻重的地位，预算绩效实际上真实有效地反映了政府管理行为在经济社会中产生的影响。倘若预算绩效管理的水平和效率得到提高，那么政府绩效管理的质量也会因此而得到提高，广大的人民群众便能够享受到更加优质的公共管理服务。简单而言，政府绩效管理和预算绩效管理的关系可以理解为：前者是后者的前提和基础，而后者的发展状况反作用于前者。

（4）二者绩效指标体系建设和评价结果运用不同。首先，上至经济和公共事业发展、国家安全等，下至各种民生福祉建设等，都属于政府绩效管理的范畴，由此可见，政府绩效管理涵盖的范围十分广泛。也正因为这样，政府绩效管理指标体系建设需要参考的信息非常多，相关工作人员需要在把握不同岗位职能特点的基础上收集、总结、归纳各种信息，经过专业人员审慎的研究探讨，制定出更有利于公共服务管理的目标，以满足广大人民群众的需求、提高政府的工作能力和工作效率。政府绩效管理指标体系建设不是一蹴而就的，工作人员需要根据实际情况不断调整指标体系，从而使结果达到最优。预算绩效管理则将工作的重心放在对已制定绩效目标的评价监督上，因此，该部分的指标体系需要参考的信息相对较少，仅需要多将关注点放在公共产品和服务的投入及产出上。其次，政府绩效管理与预算绩效管理在评价结果上体现为多样化和单一化的不同。政府绩效管理对评价结果的运用既要与人事管理结合，又要与审计和国家监察体制结合，过程相对复杂；预算绩效管理的评价结果运用则只需要相关部门和人员根据结果调整预算资金分配模式，促使政府单位调整公共服务。

基于以上分析可以看出，政府绩效管理及预算绩效管理这二者既有共同点，又有不同点，且相辅相成、联系密切。相关工作人员必须对二者进行结构性整合，使二者的积极作用发挥到最大化，从而促进政府管理工作的优化。

第二章

政府预算绩效管理的理论依据与经验借鉴

预算绩效管理是多种现代科学理论在公共财政管理上的具体运用，对政府预算绩效管理的理论依据进行探究总结以及考察国内外地方政府预算绩效管理实践，这对推进我国政府预算绩效管理改革大有裨益。

第一节　政府预算绩效管理的理论依据及意义

一、政府预算绩效管理的理论依据

政府预算绩效管理的研究离不开财政理论、预算理论、会计理论等的指导。对相关理论进行梳理和剖析是政府预算绩效管理体系构建的前提和基础,更有助于保证预算绩效管理的科学性。

(一)公共选择理论

公共选择理论主要使用的是经济学方面的方法,运用这些方法,政府运作和决算决策中的各种问题便能得到解决。在公共选择理论之下,政府行为和制度因素被涵盖在预算决策的分析框架之中,这样能更为深入清晰地分析预算决策中的问题,而且从深层次影响预算实践的发展。公共选择理论有力地推动了政府改革,其中政府预算绩效管理改革也得到了相当程度的发展。预算绩效改革的特征表现为"目标导向""自主权下移""对结果负责"等,这些特征也可以认为是与公共选择理论一脉相承的,因此,政府预算绩效管理理论与公共选择理论有着内在的逻辑关系和历史渊源。

公共选择理论的最大化模型指出,要想降低公共产品的购买者与提供者的信息不对称程度,就要积极促进预算制度的公开透明,尽可能地使预算决策能代表最广大人民群众的意愿。预算管理改革以预算绩效评价报告的形式能够清晰地反映各项绩效信息,有效地提高预算绩效管理的透明度,从而提升公众对于政府公共服务的满意度。在实践过程中,预算绩效管理时刻接受着公共选择理论的影响。可以说,预算绩效管理改革就是将公共选择机制引入政府预算中。

(二)新经济学

政府在工作过程中以自身的行政权力配置资源,而其中运用到的最主要的方式就是政府预算。以产权理论为依据,行政权决定资源的配置这一概念常常会使得寻租行为不断出现。在政府预算过程中，一旦政府预算的规模超出一定的界限，行政权取代产权成为资源配置的主要方式，好不容易维持的正常的市场效率就会受到影响。因此，要想在一定范围内行使预算权力，可以使产权明晰化并采用预算绩效管理。在预算绩效管理体系下，通过绩效评价可以对预算支出进行有效控制，从而避免一系列负面情况，如预算规模盲目扩大、寻租设租行为等。

在预算绩效管理中要特别强调公开透明。如果真的做到公开透明，接受大众监督，则必然会降低交易成本。交易成本理论中分析道：人的理性是有限的，假使做不到公开透明，缺乏明确的规则，那么人在利益的诱导下就很容易犯机会主义的错误。这样一来，加剧了人与人之间在交易中的不信任感，其结果就是效率低下和各项交易成本增加。预算分配也属于交易的一种，在这项工作开展的过程中同样充斥着上述各种不好的现象，如机会主义行为、信息不对称等。政府预算部门具有资金配给自由裁量权上的信息优势，相关工作人员可以通过改变预算资金的配给分布，即“设租”，诱导代理人进行新一轮的“寻租”。预算绩效管理意识到信息不对称所带来的弊端，在管理过程中特别强调财政透明度。政府将其预算过程和结果公开，可以避免上述设租寻租行为，有效降低交易成本，提高政府工作效率。

（三）企业管理理论

预算绩效管理思想的提出在政府预算理论形成与发展的过程中具有里程碑的作用，因为其将企业管理的理论引入了公共部门预算中。企业管理理论的核心就是成本—效益理论，因为企业管理理论和新公共管理理念具有一致性，所以在西方国家得到了普遍运用。美国政府预算制度改革的成功离不开对企业管理理论的应用。在美国，预算绩效管理强调量化指标，从而用指标来衡量公共部门及其项目开展的状况，这一管理方式能够清晰明了地反映出项目的实际执行效果和对社会的影响。此外，预算绩效评价的结果还会对资金的投向、投入等产生深刻的影响，这显然与成本—效益的理念相符。

（四）以结果为中心的政府理财理论

预算绩效管理理论的形成，不单单意味着固有的预算方法得到改变，还意味着理财思想发生了根本性的变革。过去，人们只想着如何把钱花得合理,也就是说只关心安排支出这一环节,并不在意花钱之后的结果,不考虑事情办得如何。倘若结果不佳,那么支出的部分安排得再合理也无济于事。在这种情况下,人们的理财思想得到了改变。越来越多的人开始将支出结果放在考虑的首要位置,预算绩效管理就是理财思想变革的产物。

预算绩效管理理论提出,应当将各环节都纳入预算体系,比如,一开始设定的业绩指标,过程中的成本核算,到最后的执行结果等,每一个环节的支出都需要清晰明确地记录下来,并与业绩、公共预算和效果要素的要求相符。具体而言,需要做到以下方面:第一,以绩效原则为依据设定目标,为了便于编制预算和考核效果,所设定的目标要尽可能地量化、指标化;第二,根据完成业绩所需的账额进行拨款,这就是成本;第三,在考核时,将成本重点纳入考核体系,评价业绩是否达标,如果不达标,在下一年度编制预算时适当缩减预算。

绩效评价指标主要分为两部分:质的指标和量的指标。在考核评价这些指标的时候,既可以交由其他政府部门如审计部门来执行,也可以委托第三方社会机构来进行。

二、政府预算绩效管理的基本原则

预算绩效管理的指导思想为推进工作提供了方向,为财政部门、预算部门及预算执行单位提供了预算管理依据。在明确方针政策的基础上,为进一步开展实际工作,需要确定推行预算绩效管理的 5 项基本原则。

(一)统一组织,分级负责

预算绩效管理讲求责任,而责任明晰的前提则是职责的清晰划分,这个原则表明的是总和分的关系。从“总”的方面来说,要“统一组织”,尽管预算管理责任被划分给各级财政部门,组织和指导权力是分散的,但各部门要有统一的行为法则,要保持一种声音,避免政出多头的问题。从“分”的方面讲,要“分级负责”,也就是按照现行财政体制及隶属关系,财政部门和预算部门各自做好分内的工作,如财政部负责全国工作的统筹,地方财政部门负责本区域的工作规划,预算部门负责本部门的预算绩效管理工作,具体内容则包括制定相应的规划及制度,组织、指导具体工作实施等。

（二）统筹规划，远近结合

预算绩效管理工作的推进需要统筹规划，远近结合。从“远”的方面讲，要“统筹规划”，即要求主管部门要有总体构想，明确基本目标和主要任务，同时要有保障措施以保持各部门前进方向的一致性。这些均属于顶层设计的内容，统领整个预算绩效管理工作，贯彻到各个管理实施环节。从“近”的方面讲，要“远近结合”，即在总体要求的统领下，要求各实施部门和单位立足当前实际，有详细的工作计划，有步骤分阶段前进，从具体的工作做起，积小胜为大胜，从量变到质变，逐步实现既定的工作目标。具体来说，就是要统筹本地区、本部门预算绩效管理的总体思路，制定预算管理的长远规划，确定基本目标和主要任务，落实保障措施；同时，要结合预算绩效管理的实际推进情况，既要有年度目标，又要有中长期规划，即建立完善年度工作计划与中长期规划相结合的机制。

（三）全面推进，重点突破

全面推进，重点突破强调预算绩效管理的推进方式问题，表明的是面和点的关系。从“面”上讲，要“全面推进”，财政部门和预算部门需要认识到预算绩效管理的重要性和紧迫性，凡是与预算绩效管理相关的工作，不管是预算绩效管理各环节的内容，还是预算绩效管理的质量验收等，都要重视，不能厚此薄彼，只抓其中某些方面；要有全局观念和全面意识，实现预算的全过程管理，做到全方位、全覆盖。从“点”上讲，要“重点突破”，即要认识到此项工作的艰巨性和长期性，避免出现“眉毛胡子一把抓”的现象；要结合实际，因地制宜，在全面推进的同时，抓住重点和关键。当前工作的重点就是各级政府关心和社会公众关注的重点民生项目，要先取得突破，以积累经验，扩大影响，以点带面，带动整个预算绩效管理工作的整体推进。各级政府和财政预算部门，以及预算实施单位，要积极扩大预算绩效管理覆盖面，逐年增加绩效目标管理范围和绩效评价项目。在全面推进的过程中，要结合本地区、本部门实际情况，因地制宜，积极探索，以重点民生项目作为突破口，以点带面，突出实效。

（四）改革创新，协力推动

任何工作的推进都离不开创新和协同，在预算改革推进的过程中，协力推动更是重中之重。一是在思想认识上，要“改革创新”，要认识到预算管理是一项全新的改革工作，要有新理念、新内容、新方法。在工作过程中坚持解放思想，敢于突破旧体制、旧框架的束缚。各部门、各单位要勇于面对矛盾和解决问题，培养创新思维，大胆尝试新思路，不怕走弯路，以创新求推进，以改革促发展；二是在具体做法上，要“协力推动”，要学会借力。应认识到预算绩效管理是一项系统的工程，涉及国民经济的方方面面，不能只依靠财政部门和预算部门，需要调动各方面的积极性、主动性和创造性。各级财政部门和预算部门是推进预算绩效管理的主力军，尤其是预算部门，要充分发挥主观能动性；同时，要积极争取各级人民代表大会、政府以及纪检监察、审计等相关部门配合，凝聚共识，形成合力；此外，不能忽视社会机构和公众群体的作用，要整合全社会力量共同推动预算绩效管理工作的改革进程。

（五）客观公正，公开透明

预算公开和透明度问题是预算管理改革的重点，这个原则表明预算绩效管理的总体要求。

预算绩效管理要符合真实、客观、公平、公正的要求，评价指标要科学，基础数据要准确，评价方法要合理，评价结果要依法公开，接受监督。财政部门和预算部门在对预算进行绩效审核和批复时，应遵循统一的评判标准，按照不同属性和类别对预算提出绩效评价体系，针对不同地区和部门，应做到审批客观，保证预算管理的公正性。同时，也应重视各地区和各部门的经济制度体系完善情况以及所存在的差异，注重评价标准的灵活性、适应性。对于政府的预算绩效管理内容和除涉密部门之外的部门预算，需逐步、有序、细化、完整地进行公开；及时纠正不符合时代发展和国内经济形势的问题，更好地完善整个预算绩效管理系统，使财政部门和预算部门工作更具经济性、效率性和效益性。

三、政府预算绩效管理的意义

政府预算绩效管理的意义主要包括以下两个方面。

第一，让有限的资源得到最优配置。相关工作人员在开展预算绩效管理工作时，需要全方位地实施管控，所谓的全方位就是指面向各部门、各岗位、各工作环节，并且要以本单位的绩效管理目标为基础，制定出一套切实可行的、科学准确的预算绩效管理监督体系。在进行完前述一系列操作后，把单位的内部资源都放到这个体系中进行考虑，然后进行全面性的规划与配置。需要特别注意的是，执行这些操作的时候，要将各部门、各岗位间的界限模糊掉，特别是要渗透“业财融合”的理念，尽可能地使单位资源利用率得到提高，由此各项工作的协调性、效益性、效率性都会显著提升，资源浪费等现象也会大幅度减少。

第二，可以有效地防范管理风险。系统性、程序性、实效性是预算绩效管理表现出的特征，编制、审核、评价、监管等各环节构成整个管理体系，每一个环节都必不可少，共同为预算绩效管理的实施发挥作用。正因为如此，和之前的管理模式比较，这种管理体系更加科学、细致、完备，能够有效地防备预算绩效管理实施过程中潜在风险的发生，从而确保预算绩效管理目标的实现。

第二节　政府预算绩效管理的国内外经验借鉴

国外的绩效预算从萌芽到现在已有100多年历史，绩效预算的改革热潮也已持续40年左右的时间，理论和制度都已相对成熟。我国从2018年开始全面实施预算绩效管理以来，中央和地方相继取得了一些成效，积累了一些经验。本节通过梳理国内外关于预算绩效管理的做法，分析国内外预算绩效管理的共性与不同，以探寻制约中国绩效预算发展的各种因素，并提出针对我国预算绩效管理的建议。

一、国际预算绩效管理的做法和经验

（一）美国的绩效预算

美国应该是实行绩效预算最早的国家。它的绩效预算管理系统有几个关键组成，分别是《政府绩效与结果法案》（GPRA）、绩效改进计划

（PII）和项目评估定级工具（PART）。

1993年，美国政府颁布了《政府绩效与结果法案》（GPRA），首次要求各联邦机构制定战略计划，衡量和报告绩效。根据这项法律，联邦机构必须就其任务说明、长期战略目标和为取得成果而将采用的战略，与利益攸关方及美国国会进行协商。各机构还必须制订年度绩效计划，说明它们如何实现年度目标，并在年底报告其实际绩效。

2001年，布什政府宣布《总统管理议程》（PMA），该议程有一项重要内容，即绩效改进计划（PII），其目的是确保联邦资金产生最大效益。各机构同美国管理和预算办公室（OMB）合作确定哪些绩效方案有效，哪些方案不足，以及在所有情况下可以采取哪些措施来提高绩效。绩效改进计划包括4个方面：一是使用PART（项目评估定级工具）评估方案；二是发布计分卡，使评分机构对PART的建议负责；三是在网站Expect More上公布结果；四是实施机构间方案改进。

PART将绩效方案按类别分为七大类，每一类包括4个方面共25个基本问题以及针对方案类型的附加问题，主要衡量一个方案的设计和目的是否清晰和合理、该机构是否为其方案制定了有效的年度和长期目标、评价财务监督和方案改进工作、考察方案能否准确一致。对这些问题的回答为每个方面产生一个数字分数（从0到100），然后再将这些分数转换为定性评分，编制计分卡。

计分卡是确保各机构管理其方案执行情况的有效问责工具。首先，制定出一套成功实施绩效改进计划的标准，然后每个季度给各机构进行两次打分，将各机构进展情况的计分卡报告每季度在政府网页上公布。

2006年，美国推出了一个名为Expect More的网站，向公众提供哪些项目有效，哪些项目无效，以及所有项目每年的进展情况。该网站包含已评估的所有项目的部分摘要，提供公民需要的所有信息，以评估绩效。每项评估都简要说明方案的目的、总体评级、一些绩效要点以及今后将采取的改进措施。此外，还定期更新改进行动的状态，以满足公众对绩效和结果信息的需求。

值得注意的是，各部门之间的职责并不是完全割裂的，有时在某一政策或项目上会存在交叉。在这种情况下，没有一个部门能够独立衡量这一政策或项目的影响和绩效，从而容易导致绩效管理的重复或缺位。为此，美国设立了跨部门优先绩效目标（CAP），目的在于克服部门的分散性，保证政策目标的顺利实现。美国管理和预算办公室（OMB）最新公布的总统管理规划中，详细介绍了特朗普政府的 14 项跨部门优先绩效目标，如“实现 IT 的现代化，以提高生产力和安全性”“将数据作为战略资产”“推动 21 世纪人力资源的发展”等。

由于美国绩效预算管理起步很早，无论人们的绩效理念还是实践中的方法和工具都相对成熟。不仅确立了《政府绩效与结果法案》，为联邦政府绩效管理奠定了坚实的基础，还实施了“绩效改进计划”，以设定优先目标，确保绩效方案的合理性和绩效目标的顺利实现，同时，还建立了信息公开网站，接受公众监督。但在最近的研究中，很多学者对绩效预算能否继续进行下去持怀疑态度，主要原因是尽管花费了很大的努力，但绩效方案的有效性或相对效率仍然很难进行准确评估。为获取绩效信息投入巨大，可绩效信息并没能很好地用于决策，绩效评估结果和最终拨款之间的联系非常有限，造成绩效评价流于形式。

（二）英国的绩效预算

作为欧洲绩效预算改革的先行者，英国于 20 世纪 80 年代开始进行绩效预算改革，形成了以公共服务协议（PSA）、支出审查（SR）为主要特征的绩效预算管理体系。

1997 年，布莱尔政府试图彻底改变英国公共服务的规划和提供方式，主要举措是通过签订公共服务协议（PSA），为政府各部委制定明确的目标和可衡量的国家目标体系。预算通过后，各部门都要签订一套公共服务协议（PSAs），旨在表明整个政府活动范围内的优先事项。这些目标以大约 600 个具体目标的形式表示，其中许多目标以可衡量的形式表示，预期将在指定的时限内实现。

PSAs 系统有 3 个广泛作用：确定优先事项、衡量成就和向各部委提供奖励（James，2004）。在这方面，它有助于预算进程，要求各部委对其计划进行严格审查，并在接受明确目标的前提下获得资金。

从英国的绩效预算改革经验来看，通过签订公共服务协议（PSAs）确定优先事项，将绩效目标和指标制定的主导权交给各部门，通过支出审查（SR）对协议履行绩效进行监督和检查，根据绩效结果确定资金分配，同时又根据绩效信息进行奖惩，环环相扣，体系较为完备。

（三）韩国的绩效预算

20 世纪 90 年代末亚洲金融危机后，韩国公共债务急剧增加。为了缓解经济结构调整导致的收入差距，以及人口老龄化加快给公共财政带来的额外压力，韩国政府进行了“四大财政改革”，分别是：(1)建立中期支出框架(MTEF)；(2)实行自上而下的预算编制；(3)建立绩效管理体系；(4)建设数字预算信息系统。韩国分3个阶段实行绩效预算制：第一个阶段被称为预算计划的“绩效目标管理”(PGM)，在2000年—2002年进行试点，以美国GPRA模式为基础，要求参与该项目的22个部委和机构的部门制订年度绩效计划。第二个阶段从2003年开始，选择了2个部委和机构，要求它们将年度绩效计划连同年度预算要求一并提交给规划和预算部。2005年，扩大到26个部委和机构。第三个阶段是2005年提出的“预算方案自我评估”(SABP)。该系统是基于美国的PART，根据战略预算方案，2005年审查了555个方案(约占所有政府方案的三分之一)，这一速度使规划和预算部能够在3年周期内审查每一个主要预算方案。

同其他国家渐进式改革相比，韩国“爆炸式”改革颇有孤注一掷的意味。“四大改革”囊括了所有的最佳实践方式，若成功便将彻底重组韩国的预算体系。韩国绩效预算体系系统有三大支撑，即绩效目标管理(PGM)、预算方案自我评估(SABP)以及预算方案深入评价(IEBP)，这极大地促进了绩效信息的收集和利用。但同时也存在一些问题：一是数据获取的技术性障碍阻碍了各机构提供有用的信息，同时，还存在一些博弈、目标扭曲和误导性信息。例如，各部委和机构选择绩效指标并不是因为它们是好指标，而是因为它们提高了获得良好评级的概率；二是激励制度方面，各部委和机构在战略上采取行动保护重要方案。例如，他们倾向于对不太重要的节目给予较低的评分，对他们认为重要的项目给予较高的评分；三是存在太多零碎的评价体系，每个系统由不同的机构运作，各职能部委和机构都在抱怨这些机构造成的多余行政负担。

(四)意大利的绩效预算

自20世纪80年代末以来，意大利政府就一直受到财政和预算压力、政治丑闻以及公民对政府缺乏信任的影响。因此，意大利中央政府开始走向重大改革的道路。

2009年，意大利在中央政府内部引入正式的绩效管理系统，明确定义了在适当的“绩效周期”的每个步骤中应采取的行动，包括：(1)定义和分配目标，并为每个目标设定目标和指标；（2）将目标与资源分配联系起来；（3）监测年度目标的执行情况，以采取任何必要的纠正措施；（4）衡量和评估个人和组织的绩效；（5）使用奖励来衡量功绩；（6）向所有内部和外部利益相关者报告结果。绩效周期要根据预算周期来制定。新法还规定了两个关键文件："绩效计划"和"绩效报告"。绩效计划是一个三年计划文件，由各部委在每年年初制定和发布，以根据部长制定的政策确定每个目标的绩效指标和战略运营目标。绩效报告是在年度末制定的年度文件，并在基准年后的次年6月之前发布。绩效报告以报告文件的形式最终使绩效周期形成闭环，与绩效计划中最初建立的结果相比，各政府部门对实现的结果负责。

意大利的绩效预算在执行过程中面临的困难和挑战有：（1）改革以中央集权的方式进行，要求国家为中央政府所有部门制定指导方针，这意味着，国家制定的指标在很大程度上难以兼顾每个部门的具体需要；（2）在绩效计划的定义和预算综合说明中，绩效信息大多面向未来，而对过去信息的利用仍然有限。因此，利用有关结果的信息来影响未来的决策容易失于片面。（3）大多数指标都具有固有的官僚性质，这些指标几乎总是完全实现的，只有较不具挑战性的任务才有可能纳入这些指标。此外，国家审计委员会和审计法院都认识到在实际操作中存在重复下发文件和职责混乱的问题，指出预期的管理改革有可能受官僚主义影响，从而给政府造成额外负担。政府面临的紧张财政状况和持续的政治变革对制定连贯一致的政策提出了挑战。

（五）俄罗斯的绩效预算

在绩效预算正式属性的相关国际评级中，俄罗斯可能名列前茅。近年来，在能源价格不稳定和国际制裁导致经济停滞和预算收入减少的情况下，实施绩效预算对俄罗斯而言则变得尤为重要。

俄罗斯政府早期颁布的《俄罗斯经济社会发展国家规划和纲要》要求国家权力机关依照经济状况制定长期、中期和短期规划。这为俄罗斯绩效预算改革奠定了坚实的法律基础。

俄罗斯在预算编制过程中最早使用的绩效管理工具之一是2004年开始的"关于各部委和机构的成果和主要活动报告"（RRMAs）。RRMAs包含对各部委和机构（预算规划实体）目标、任务、绩效指标的描述，还有他们的支出义务和收入计划。预算在目标、任务和项目中分配，同时建立绩效指标。所有的 RRMAs 必须描绘出如何实现国家发展战略目标的全面图景，RRMAs 的理念要求将预算周期扩大到 3 年，俄罗斯在 2008—2010 年期间通过了第一个 3 年预算。同时，RRMAs 理念还要求，预算必须考虑到公共政策的目标，预算分配必须与执行情况挂钩。

2012 年，“公民预算”系统开始运行。该网站会回答以下问题：哪项支出优先进行，为什么？谁来决定优先支出项目补贴的份额，怎样决定？预算中社会支出比例是多少？公民交多少税？为了减少预算对石油和天然气收入的依赖，我们正在做些什么？等等。除了有关关键预算参数的一般信息外，一些门户网站还支持民意调查，并为公民提供参与与预算相关问题讨论的机会。

近些年，俄罗斯实施了相当多的绩效预算编制工具，范围从表象预算到直接预算。当所有这些机制都由权力的行政部门提供时，其结果可能远远达不到人们的期望。容易出现“官僚主义最大化”效应的部门和机构，只关注自己的利益，而与公共利益相去甚远。因此，仅适用绩效预算机制是不够的，还要求公民和议会在知情的情况下积极参与预算编制过程。这可以通过减少政府和公众在审查预算、国家项目时的信息不对称来实现，这个问题关系到俄罗斯各级政府。否则，绩效预算工具将无法创造最大的社会和经济效益。

二、中央和地方预算绩效管理成效及案例分析

随着国外绩效管理理念逐步传入我国，20 世纪 90 年代，我国在预算实践中尝试引入绩效的评价工具，开始关注财政预算资金的使用绩效。2003 年，党的十六届三中全会提出“建立预算绩效评价体系”，为我国新一轮预算改革指明了方向。预算支出绩效评价试点工作率先在中央部门展开，取得了良好效果。本节首先介绍中央在预算绩效管理方面取得的成效，而后介绍两个预算绩效管理的典型案例。

（一）中央在预算绩效管理方面取得的成效

中央层面已形成以项目支出为主的一般公共预算绩效管理体系，主要表现在：（1）实现了绩效目标全覆盖，2018 年实施绩效目标管理的资金规模已达 2.5 万亿元；（2）实行绩效目标执行监控，自 2017 年起要求

所有部门都要选择一些重点项目进行绩效目标执行监控；(3)全部实行绩效自评，绩效目标与预算同时批复和下达；(4)形成重点项目绩效评价常态机制，部分评价结果已用于预算安排和政策调整；(5)积极推进绩效评价公开，2018年已将10个中央部门重点项目绩效目标、15个重大项目绩效评价结果、99个中央部门111个项目的绩效自评结果提交给全国人民代表大会常委会参阅和审议，部分重点绩效评价结果向全国人民代表大会报告并向社会公开；(6)建立了绩效管理工作的协调机制，财政部和全国人民代表大会、预工委的预决算审查室、审计署的财政司建立了三方协调工作机制，形成了绩效管理的合力。

(二)我国预算绩效管理的典型案例

1. 水利部

在2018年度预算绩效管理工作考核中，水利部在中央部门中排名第一，且为中央部门唯一评等级为“优”的单位。水利部近年来主要开展了以下工作。

(1)领导重视

水利部2012年成立预算管理领导小组，将研究协调解决绩效管理中的重大问题作为领导小组的一项重要职能。水利部党组高度重视预算绩效管理工作，多次召开会议研究部署部门预算和绩效管理的重点工作，明确要求切实强化资金监管，确保资金安全，提高水利财政资金使用绩效，推动建立健全覆盖所有财政资金、贯穿财务运行全过程的管理、监督和协调机制。

(2)注重顶层设计

自2014年以来，水利部先后制定了《水利预算绩效管理制度体系建设工作方案》《关于推进水利预算绩效管理的意见》《水利部部门预算绩效管理暂行办法》《水利部部门整体支出绩效评价指标体系框架》《水利部单位整体支出绩效评价指标体系框架》等文件，制度规范走在中央部门前列。2018年12月，水利部印发《水利部关于贯彻落实〈中共中央　国务院关于全面实施预算绩效管理的意见〉的实施意见》，力争用3年左右的时间，形成部党组统一领导，预算绩效管理部门、业务主管部门密切配合，全行业广泛参与的绩效管理格局。2019年5月，水利部组织各司局对项目绩效共性指标体系框架进行全面修订，重点完善和改进绩效指标设定量化比例低、可衡量性不强、绩效目标与绩效指标缺少关联等问题，修订后的指标体系框架已在 2020 年部门预算中运用。

（3）加强过程监控

2018 年，水利部对部门预算所有一级项目，连同其所属二级项目，全面开展绩效目标执行监控工作。利用信息化手段，定期收集预算执行和项目实施信息，汇总分析监控结果，督促组织实施单位及时纠正执行中的偏差，确保绩效目标任务如期保质完成。年底按照制定评分标准、组织中介现场复核、组织专家组抽查、评价结果公开并反馈各单位的步骤进行年度整体支出绩效评价。其中，第三方独立评价、引入中介机构开展绩效调研审核、专家组复核打分的机制，有效保证了绩效评价结果的科学性。

（4）注重结果运用

对绩效监控中发现绩效目标实施情况与预算执行进度严重不匹配的项目，或存在严重问题，预期无绩效、低绩效的项目，责令其暂缓或停止执行，并将预算及时调整至其他急需项目；对因政策变化、突发事件等因素影响绩效目标实现而确需调整的，督促按照预算管理程序，随预算调剂一并申请调整。同时，水利部健全绩效监督问责机制，对绩效管理差的地方和单位进行约谈并限期整改，对绩效管理一般的督促改进，对擅自调整绩效指标、弄虚作假造成不良影响的给予通报批评；发现违法违纪线索的，移交有关部门查处。

2. 深圳

在财政部公布的 2018 年度地方部门预算绩效管理工作考核结果中，深圳市成绩优良获通报表扬。从深圳市预算绩效管理的经验来看，主要有以下 3 个特点。

（1）预算绩效管理工作机制健全

深圳市以《中华人民共和国预算法》和《中共中央　国务院关于全面实施预算绩效管理的意见》为准绳，以《中共深圳市委办公厅深圳市人民政府办公厅印发〈关于进一步深化预算管理改革强化预算绩效管理的意见〉的通知》和《深圳市财政局关于贯彻落实全面实施预算绩效管理有关事项的通知》为指导，实行事前绩效评估、绩效目标管理、绩效运行监控、绩效评价管理、评价结果应用的全过程管理方式，将事前绩效评估和绩效目标编审嵌入部门预算编制“两上两下”过程，在预算执行中和预算执行结束后开展绩效监控和绩效评价。2020 年 1 月，按照市本级每个一级预算单位选取一个重点绩效目标的原则，将 119 个 2020 年部门预算重点项目绩效目标、7 个部门整体绩效报告和 23 个项目支出绩效报告、财政局完成的重点绩效评价报告提交人民代表大会代表参阅。

（2）绩效评价方式方法创新

第一，财政部门与第三方机构深度合作实施绩效评价，部分区级预算单位引入专家和第三方机构对绩效目标实施集中评审，并与预算安排挂钩；第二，学习穿行测试和衡工量值等方法，提高绩效评价的质量和效果；第三，建立了贯穿政策制定、体制机制、制度措施、项目实施和资金使用 5 个维度的“业财融合”共性评价指标体系。2019 年深圳市、区两级财政部门在开展高水平大学建设、战略性新兴产业、人才、产业转型升级等专项资金（经费）以及民生微实事等重点民生项目的绩效评价上均取得了显著成效，评价资金超过 1 000 亿元。

（3）绩效指标库完善

市本级财政部门按照项目履职分类和支出功能科目分类进行梳理、提炼、整合，形成了 100 个共性指标体系框架和 4000 多条个性绩效指标及评价标准。区级财政部门也从重点民生项目和产业发展专项资金等维度，梳理建成了不同行业大类、项目子类、管理层级的绩效指标体系及标准。

第三章

政府预算绩效的目标管理

政府预算绩效目标管理居于预算绩效评价与管理的核心地位，也是当前我国全面实施绩效管理改革的重点，尽管在多年的实践过程中已经取得积极的进展，但仍存在诸多有待改进的方面。

第一节 目标管理的基本内涵

一、目标管理的概念及起源

目标管理(management by objective, MBO)也是现代企业科学管理模式的一个重要内容,随着西方新公共管理运动的深化,也被引入了公共部门治理方式的改革体系之中。事实上,目标管理是绩效管理最主要的工具手段。简单地说,目标可以理解为是某个组织、部门、项目或个人在一定的时间限度内所期望达到的成果或结果;目标管理则是以目标为导向,以人为中心,以成果为标准,而使组织和个人取得最佳业绩的现代管理方法。

美国管理学大师彼得·德鲁克(Peter Drucker)于1954年在其名著《管理实践》中最先提出了目标管理的概念,其后他又提出“目标管理和自我控制”的主张。德鲁克认为,并不是有了工作才有目标,而是相反,有了目标才能确定每个人的工作。所以“企业的使命和任务,必须转化为目标”,如果一个领域没有目标,那么这个领域的工作必然被忽视。因此管理者应该通过目标对下级进行管理,当组织最高层管理者确定了组织目标后,必须对其进行有效分解,转变成各个部门以及各个人的分目标,管理者根据分目标的完成情况对下级进行考核、评价和奖惩。绩效管理与目标管理之间的咬合点是绩效标准与分解目标能够协调统一为一体。[①]

二、目标管理的主要内容

(一)目标制定是目标管理的首要环节和重中之重

确定科学、合理的预期目标是目标管理的第一步,这一前期设定的

① 史笑颜.绩效管理与目标管理的互动效应[J].山西高等学校社会科学学报,2003(11):67.

目标也是后续制定行动计划、计划执行过程与结果的合意性判断、绩效评价等环节做出论断评判的参照标杆。因此，目标制定的质量好坏直接决定了组织、个人或项目能否取得合意的效果与结果。关于目标制定的程序，有学者认为，它是“分析与诊断、拟定与设计、执行与调整的完美结合”。现代公司领域的目标制定程序如图 3-1 所示，这对于公共部门、公共项目以及公务人员任职中对应的绩效目标确定具有重要的指导意义。

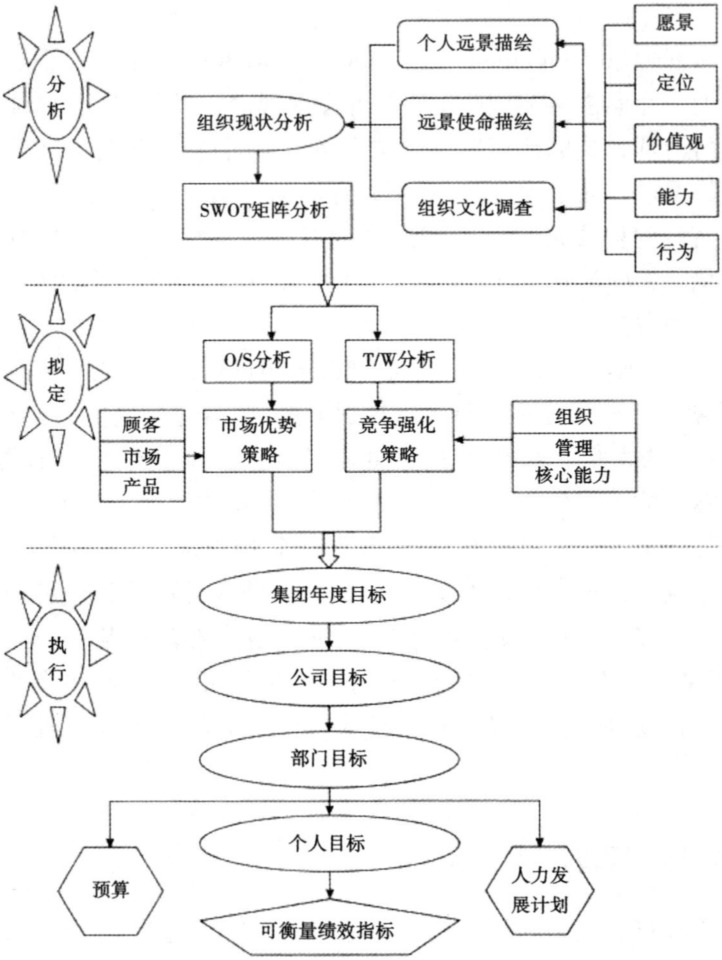

图 3-1　目标制定的程序[①]

① 毛翠英.财政预算绩效目标管理研究[M].北京：中国财富出版社，2013.

（二）目标制订的基本原则

在现代企业管理的目标管理理论中，企业或组织目标的制定必须同时具备 5 个原则，分别是 specific、measurable、achievable、relevant 和 time-based，简称 SMART 原则。

具体的（specific），意指所制订的目标必须具体、明确，而不能含糊不清、模棱两可；可衡量的（measurable），意指所制订的目标必须能够通过某种或某些定量或定性的方法，来予以衡量和判定；可实现的（achievable），意指所制订的目标必须符合实际，能够为目标对象所接受，并且是可以通过执行人的努力而能够实现的；相关的（relevant），意指所制订的目标和公司、组织的战略远景及规划紧密相关，而非脱离于公司战略之外的；时限的（time-based），意指目标的实现是有时间限制的，而非无限期的。

这五大原则由于攸关组织目标的制订质量，从而成为整个目标管理模式中最为核心的原则。

（三）目标管理的基本步骤

根据德鲁克的目标管理思想，目标管理法的基本步骤主要涉及目标确定、计划分解、组织实施、检查评价 4 个大的方面。不同的企业或组织的目标管理法都脱离不了这个“4 分法”的步骤流程。从四大步骤的具体实现路径来看，目标管理法在实践应用中大概要历经图 3-2 中的六个环节，其中前两个环节为目标制定的过程，中间两个环节为目标实现的过程，后两个环节则为评价考核及结果应用的过程。

三、目标管理与绩效管理的关系

综观目标管理法与绩效管理法这两种现代管理模式，从概念上看，前者是以目标为核心，后者则是以绩效考核为核心，是对整个组织所进行的综合管理系统。绩效管理的分析已经表明，所谓“什么是绩效”的评判标准的源头恰恰是管理对象所开展的活动、行为或项目所要达到的预期目标，目标是绩效衡量的标杆，因此，目标管理与绩效管理之间可谓存在着天然的极为接近的联系。两种管理理论的流程图更是清晰地展露了这一点。概括来说，绩效管理与目标管理这两种科学的现代企业管理方法在意义、目标、流程、过程衔接、时间跨度、管理实行的层次以及管理结果的用途上都有极大的共同点，如表 3-1 所示。

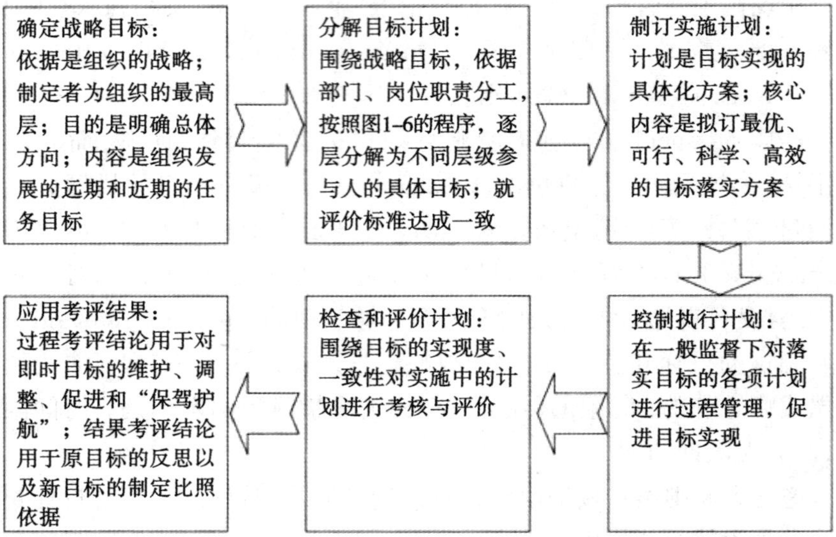

图 3-2　目标管理的运作过程[①]

表 3-1　目标管理与绩效管理的相同点

	绩效管理	目标管理
定义	系统对一个组织或员工所具有的价值进行评价，并给予奖励，以促进系统价值自身实现的一种管理方法	以目标的设置和分解、目标的实施及完成情况的检查、奖惩为手段，通过员工的自我管理来实现企业的经营目的的一种管理方法
总体目标	实现组织目标	实现组织目标
发起	获得“领导层”支持的情况下由领导人或由管理者直接发起	获得“领导层”支持的情况下主要由领导人直接发起
流程	绩效计划→绩效实施→绩效考核→绩效反馈→绩效改进	目标设定→目标执行→目标考核→目标评价
持续工作	绩效沟通	目标追踪
时间跨度	长	长
管理层级	个人—团队—组织	个人—团队—组织
结果应用	薪酬分配、职务调整、人力资源开发、工作改进	薪酬分配、职务调整、工作改进

① 毛翠英．财政预算绩效目标管理研究 [M]. 北京：中国财富出版社，2013.

第二节　预算绩效目标的设计

一、预算绩效目标的设计要求

(一)预算绩效目标设计的依据

必须强调的是,政府预算绩效目标管理的根本宗旨在于通过加强公共财政的管理,以切实实现现代财政预算的诸多功能,即从政治、经济和社会3个方面来提高现代国家的治理水平以及更好地促进公共利益的实现。因此,政府预算绩效目标设计的首要依据即为国家或政府在特定时间段内的大政方针及战略规划。国家的战略要依托具体的政府部门去贯彻实施,因此国家的总战略又会在实践层面被细分到政府各个部门的职能战略规划或项目战略规划之中。显然,所有的这些战略与规划都必须置身于法治的框架约束之内,必须合法。由此,政府预算绩效设计的核心依据就是围绕现代财政预算职能的实现而具体表现在3个方面:一是国家的法律法规;二是围绕国家治理和满足公共需要而制定的各级政府国民经济和社会发展的战略、规划;三是各个职能部门依据本部门职责或本部门负责的项目职责而制订的部门发展或事业发展的战略、规划。

(二)预算绩效目标设计的原则

要想让预算绩效管理体系正常平稳运行,前提是设计出科学合理的预算绩效目标。在实践中,部门需要根据不同的财政支出类型设定不同的绩效目标,因此预算绩效目标的设定需要有一定之规,规定预算绩效目标设定的基本原则有利于为未来分行业预算绩效目标的设定奠定基础,发挥引领作用。根据我国近年来预算绩效目标设定的实践情况,可将预算绩效目标的设定的基本原则列举如下:完整性、相关性、适当性、可测算性、可监督性。

1. 完整性

预算绩效目标的设定应当全面考虑,不能以偏概全。预算绩效目标应当全面覆盖其投入、运行、产出以及最终效果。覆盖运行全过程的预算绩效目标能够自始至终地指导预算执行活动,实现预算绩效管理的目的。此外,绩效目标的设定也应当同时关注预算资金使用的经济性、效率性和有效性。如果在预算目标设定中,仅设置了经济性指标和效率性指标,则很难保证财政资金的花费实现其最初目的;倘若仅注重经济性指标,则更有可能导致财政资金错配和使用的低效率。

2. 相关性

预算绩效目标的设定应当与预算执行项目或预算执行单位相关,是该预算执行所能够达到的目标。例如,不能够将农业产出结果设定为交通管理部门的预算绩效目标。相关性要求不能在目标体系中出现无关目标,同时也要避免过大目标。例如,政府各项预算支出最终目标都是提供公共产品及公共服务,并以此促进整个社会的福利。但是,对某一个财政支出项目或某个职能部门的预算绩效目标设定不能以全社会民众幸福指数作为预算绩效目标。以交通部门财政支出项目为例,尽管某地交通发展状况与民众幸福指数有关,但是影响当地居民幸福指数的因素很多,以居民幸福指数作为预算绩效目标不能体现出该部门或项目的预算执行效果,也不能对预算执行产生导向作用。

3. 适当性

绩效目标设定值,应当是预算执行活动在正常运转情况下能够达到的目标。若是目标值设定过高,则容易挫伤预算执行单位的信心和积极性,预算执行单位也难以争取到足够的财政资金来完成目标。相反,预算绩效目标设定值过低,预算执行单位较易达到预算绩效目标,也不利于调动预算执行单位的积极性。绩效目标设定值,应当结合预算执行历史情况,制定合乎现实的预算绩效目标。

4. 可测算性

预算绩效目标的可测算性指绩效目标能够被测算且测算成本较小。绩效目标应有定性目标,也必须有定量指标。预算绩效目标要在表述上准确、无歧义。预算执行单位和预算绩效审核单位都对预算绩效目标有着准确理解,且两者之间理解不存在差别。定性指标与定量指标都必须意思清晰,无歧义。此外,绩效目标设定必然关系到绩效评价指标设定。

两者的指标获取都需要人力、物力的投入，信息的整理和分析也会花费成本。从成本收益角度来看，绩效目标设定不宜过度复杂，应当尽量避免难以获取或获取成本极大的指标。绩效目标设定是预算绩效管理体系的重要组成部分，推行预算绩效管理体系目的在于提高预算资金使用效率。绩效目标设定若不具备经济性，成本过大，有可能抵消预算绩效管理活动带来的财政资金节约效果。

5. 可监督性

绩效目标包括定性指标与定量指标，两者都必须可被监督。可监督性基于可测算性，只有目标能够被测度，才能存在对指标真实性的监督。需要注意的是，指标的可测算性会随着信息化技术的不断进步而发生变化。可能一些过去难以测算的指标会随着时间推移和技术进步能够准确测算，这时候可以考虑将这类指标重新引入绩效目标体系当中。绩效目标的可监督性指的是指标获取与测算都能够被检验，并且指标数值的真实性可以被检验。绩效目标设定中，采用第三方或社会调查的数据都应该能够被监督和验证。

（三）绩效目标的编制方法

绩效目标编制必须遵循一定的方法，这样可以保证绩效目标能够全面、系统、合理。下面以项目支出绩效目标编制和部门整体支出绩效目标编制为例简要说明绩效目标的编制方法。

1. 项目支出绩效目标的编制

（1）梳理项目支出的主要功能，包括项目资金性质、预算投入额度、项目支出范围、项目支出目的、项目受益对象等。（2）以项目支出主要功能为依据，对项目支出在特定时间段内的公共产品及公共服务的产出进行预估，另外，还需要对项目支出能够产生什么样的效果进行预估。产出及效果的预估需要通过定性指标与定量指标加以描述。（3）项目支出预算绩效目标的细化分解，总体目标还需要进一步细化分解，确定能够反映总体目标的各个分项细化指标，以此构建绩效目标体系。（4）确定绩效评价标准，绩效评价标准是，在绩效评价阶段检验是否达到财政支出项目预期绩效目标的依据。绩效评价标准主要来源于历史均值、基期数据、增长趋势、类似项目相关成果、以往经验等，绩效评价标准也应当反过来成为绩效目标制定的依据。

2. 部门整体支出绩效目标的编制

（1）梳理部门职能，对一定期限内的各项具体工作提出明确目标。（2）结合国家战略规划、部门战略规划、产业规划等与本部门相关的条款，对部门年度绩效目标进行调整，将战略规划细化分解至各年度的部门绩效目标体系中。（3）细化部门年度总体绩效目标，设定各项工作目标并将其转化为可量化的关键性指标。部门预算绩效目标体系同样应当涵盖产出层面和效果层面的目标。（4）确定绩效评价标准。

二、预算绩效目标的主要内容

预算绩效目标的主要内容应当包含预期产出、预期效果、服务对象或项目受益人满意程度、达到预期目标所应当投入的资源等。（1）预期产出，是指预算执行能够产出公共产品或提供公共服务的数量。（2）预期效果，是指经济效益、社会效益、环境效益和可持续影响等。（3）服务对象或项目受益人满意程度，是指受益人在主观上对预算使用情况及产生效果的认可。（4）达到预期目标所应当投入的资源，指的是需要动用的财政资金以及需要介入的机构人员状况。绩效目标还应当包含衡量预期产出、预期效果和服务对象满意程度的指标。

（一）预算绩效目标的内容

1. 投入

投入方面的目标主要是指项目立项方面的目标和资金安排方面的目标。

（1）项目立项要求合乎规范、立项合理、项目预期目标客观明确。首先，项目立项合乎规范，主要是指项目申请、批准设立合乎现有规定，整个审核程序合法有效。这一目标包含以下含义：项目申请过程符合规定程序；项目申请所提交的各种文件达到相关标准；项目立项依据充分可靠，事前已经过充分且必要的可行性论证等。其次，立项合理，是指项目的设定能够实现一定的目标，项目合乎国家法律、法规、当地政策和项目执行部门的职能、战略、规划目标。项目立项合理这一目标主要包含以下含义：预算项目的设立符合相关法律规定，并与政府执政目标相适应；项目与预算执行单位的职责密切相关，有助于预算执行单位实现其行政管理任务和战略目标；项目是预算执行单位履行相关行政职能和实现部门战略目标所必需的；项目的预期产出和效益与其付出的成本大致相当，与正常的项目执行效果相当。最后，项目预期目标客观明确，是指项目的最终目标是清晰的、可衡量的。这些目标能够成为最终评价项目运行成果的依据。项目预期目标客观明确这一绩效目标主要包含以下含义：预算绩效目标已经经过充分细化，分解成为多个具体的目标；项目各项具体目标都有清晰的、可衡量的指标来加以体现；项目各项具体目标与部门职责和年度计划相匹配；项目资金与预算安排的投资额度相当。

（2）资金安排方面要保证足额、到位地给付项目资金，并且充分考虑项目资金的效率和成本的节约。首先，项目资金到位率，是指实际到位的资金达到计划资金，足以满足项目进行所需。项目资金到位率目标包含以下含义：项目资金实际到位总额与计划投资额相匹配；实际到位的项目资金总额与完成项目所需的资金总额相匹配。其次，项目资金及时到位率，是指项目所需资金及时到达，满足项目的支付需求。项目资金的及时率指标包括以下含义：项目资金实际到位，满足项目资本支出计划表的要求；项目资金的实际情况与预算安排中的资金进度表相符。最后，项目资金的使用要兼顾效率和经济性，指的是项目投入涉及财政资金的分配，必须以有限的财政资金尽可能地多提供公共产品及公共服务，在保障实现必要绩效目标的同时节约使用财政资金。项目资金使用兼顾效率和节约主要包含以下含义：项目资金安排有充分依据；项目资金能够保证项目的顺利实施；项目资金安排科学严谨，不存在过量资金安排；资金投入和使用达到节约办事的预期水平和程度，投入产出比合理；项目资金管理制度详细健全，确保项目资金的科学合理使用，带来明显的经济、社会、环境或可持续效益。

2. 运行

通常情况下，运行部分一般包括项目业务管理和财务管理两个方面的内容。

（1）项目业务管理离不开系统完备、切实可行的管理体系，这样提纲挈领式的管理体系能够在整个管理过程中起到全面的控制作用。第一,完备的管理体系指的是建立全面的制度来管理各项预算项目,并且能够反映出项目实施过程中的所有行为。该目标具备以下应有之义:项目具有完整、科学、可执行的规章制度体系;相关制度的规定可以涵盖项目实施的所有重要方面;规章制度的内容合法、合规。第二,管理体系能够有效实施。这一目标是指能够按照既定的相关业务管理规定实施项目。该目标具备以下应有之义:按照法律和管理制度的规定实施项目的各种行为;按照管理制度的规定对项目进行规划、安排和调整;项目各环节的文件按照管理体系的规定规范、完整;项目人员配置、硬件设施、信息系统建设符合管理体系要求。第三,管理体系能够全面控制项目的进度和质量。这是指预算执行单位对项目进度、质量控制方面安排了必要的措施,以便能够及时反映项目进度和质量信息,并能够加以调整。管理制度对项目进度和质量起到充分控制作用主要包含以下含义:管理制度体系中包含进度、质量方面的明确规定,存在质量检测标准;预算执行单位严格执行进度和质量方面的标准,以利于控制进度和质量。

(2)财务管理方面要求有健全的财务管理制度、资金收支符合相关制度安排以及预算资金的收支在严格的制度约束和规定下进行。首先,项目财务管理制度要健全,以便财务制度能够保障项目资金的规范、安全运行。项目财务管理方面的管理制度健全这一目标主要包含以下含义:为项目制定健全的、能够覆盖全部重要环节的财务管理方法;项目财务管理制度与国家会计制度和会计准则相符合;项目财务管理制度与政府财务管理的规定相符合。其次,资金使用符合财务管理制度,使项目资金的收支符合财务管理制度体系,并能确保资金收支的规范、合理。资金使用符合财务管理制度体系这一目标主要包含以下含义:项目资金收支符合国家的财经法规、会计制度和政府的资金管理办法;项目资金收支(特别是资金支出)有完整的审批程序和手续;项目资金的各项重大开支论证充分、支出合理;项目资金支出符合预算规定的用途和合同的支出条款;项目资金不存在挤占、挪用、截留和虚列开支等情况。最后,预算资金的收支,在严格的制度约束和规定下进行,使项目资金的安全性存在必要的监控措施,以保障项目资金的安全、规范运行。这一目标主要包含以下含义:健全的管理制度中存在对于资金安全、规范运营的相关规定;这些措施能够保障项目资金的安全、规范运营;相关规定能够被切实有效地执行。

3. 产出

产出目标主要包括公共产品及公共服务产出的数量、公共产品及公共服务提供的时间、公共产品及公共服务的质量以及公共产品及公共服务提供的单位成本。

（1）项目能够提供的公共产品及公共服务的数量，指项目在实施过程中提供的公共物品和服务的数量，以及项目完成后向全社会提供的公共物品和服务的数量。项目提供的公共物品和公共服务包括以下含义：项目提供的公共产品和服务种类；各类公共产品和公共服务的数量；公共产品和公共服务的受益对象。

（2）公共产品及公共服务提供的时间，它是指公共产品和公共服务产出的时间因素，公共产品和公共服务能够提供的时间以及人们从中受益的时间。公共产品和公共服务提供时间的目标包括以下含义：公共产品和公共服务输出的时间；公共产品和服务提供给公众的时间；公共物品和公共服务产出在不同时间点的分配情况。

（3）公共产品及公共服务的质量目标，它是指公共产品和公共服务的质量。公共产品和服务要达到一定的质量标准，并提出所有公共产品和服务达到质量标准的比例指标。公共产品和公共服务的质量目标包括以下含义：公共产品和公共服务的质量标准；公共产品和服务总体符合率。

（4）公共产品及公共服务的单位成本目标，它指的是公共产品和公共服务的产出成本。这方面的目标是判断项目资金安排是否合理的重要依据。公共产品和公共服务的单位成本目标包括以下含义：公共产品和公共服务的单位成本；纯行政费用占项目资金的比例；项目资金单位公共物品和服务扣除纯粹行政费用后的直接成本。

4. 成效

成效目标是指预算项目对社会的影响。

（1）项目成效中的经济效益，是指项目实施能够对特定区域的经济发展所起到的作用，能够在哪些方面、以何种程度促进经济发展。经济效益方面的目标主要包括：对项目实施影响范围内的经济增长有一定的促进作用；对项目实施影响范围内的居民收入增长有一定的促进作用；对项目实施影响范围内的特定产业发展有一定促进作用；对项目实施影响范围内的特定居民群体的收入增长有一定促进作用。

（2）项目成效中的社会效益目标，是指项目实施对社会事业发展所起到的作用，或者说是指在哪些方面促进了社会进步，促进了精神文明建设。社会效益目标主要包含以下含义：对项目实施影响范围内的社会进步有一定促进作用；对项目实施影响范围内的社会特定方面具有一定促进作用；对项目实施影响范围内的特定居民群体的素质提升有一定促进作用；对全社会的某些道德素养起到一定的示范作用等。

（3）项目效益中的生态效益，是指项目实施对生态环境的影响，既包括直接影响，也包括间接影响。生态效益目标主要包含以下含义：项目实施对整个生态系统所起到的作用；项目实施对特定生态系统所起到的作用；项目实施直接对生态系统中的某一方面所起到的影响；项目实施间接对生态系统各个方面所产生的影响。

（4）项目效益的可持续影响，是指项目产生的长期、永久性效果。项目的可持续影响主要包含以下含义：项目能够产生哪些可持续影响；各种可持续影响的存续时间；各种可持续影响分别在多大程度上促进了各项社会事业的发展。

（5）社会公众或受益对象对项目的满意程度目标，是指项目能够被绝大多数社会公众接受，能够让绝大多数的受益对象满意。社会公众或受益对象满意程度目标是衡量项目被居民主观上的接受程度的重要参考，这一目标主要包含以下含义：项目能够被所影响到的社会公众、受益群体所接受；项目的各项政策意图能够被社会公众、受益群体所接受；实现各项目标所采取的措施能够被社会公众、受益群体所接受。

（二）预算绩效指标的主要内容

预算绩效指标是预算绩效目标内容的细化和量化。预算绩效指标是与预算绩效目标直接相关，能够突出表现预算绩效目标内容的指标。预算绩效指标需要能够全面、系统地反映预算绩效目标的内容，可以分为产出指标以及成效指标。

（1）产出指标，是指预算绩效目标中关于公共产品及公共服务的产出数量方面的指标，可以按照产出目标的内容分为数量指标、质量指标、时效指标和成本指标。数量指标是指预算项目能够提供的公共产品及公共服务的数量；时效指标是指预算项目公共产品及公共服务提供及时、准时等方面的指标；质量指标是指质量目标中具体遵照的标准、公共产品及公共服务的水平以及整体达标率；成本指标反映预算项目提供公共产品及公共服务所花费的成本方面的信息。

（2）成效指标，是指预算绩效目标内容中成效方面的细化，根据预算目标内容可以将预算成效指标划分为经济效益指标、社会效益指标、生态效益指标、可持续影响指标及社会公众及受益群体满意程度等指标。经济效益指标能够体现项目对经济发展的各个方面的影响情况；社会效益指标能够反映项目对社会发展各个方面的影响情况；生态效益指标能够反映项目对自然环境和生态系统的各个方面的影响；可持续影响指标能够反映项目产生的各种影响的可持续期限等；社会公众及受益群体满意度指标能够反映项目为社会所接受的程度。

三、预算绩效目标编制的相关材料

绩效目标确定以后，还要随同部门预算的编报而借助一定的载体予以反映，并为相关的上报内容提供材料或数据的论证与支撑。此外，按照我国各试点地区的做法来看，各申报的主管部门还需提供对本部门所定目标进行自评的考核指标体系。由此，绩效目标编制环节需上报财政部门的主要材料就包括了以下几个方面。

第一，财政预算绩效目标申报表。主管部门在申报部门预算时，需同时制定本部门的绩效目标并填报绩效目标申报表。该申报表主要介绍绩效预算目标管理项目或资金的名称、类型、起止时间、概况、立项依据、进度计划等基本信息、绩效目标、项目预算（周期性项目需单列项目总预算和分年度的当年预算）等信息。

第二，目标实现的计划方案。该计划方案主要是实现绩效目标的实施计划，具体内容包括计划程序和活动内容两个方面。

第三，计划方案的可行性论证报告。论证目标实现计划方案的必要性与可行性，为绩效目标的实现提供保证性的论证。

第四，计划所需资金的预算方案。对应于计划方面所需要的资金来源及支出明细预算，要求各相关资金需求细目必须有理有据、科学合理、力求效率与效益。

第五，考评绩效目标实现度的自评绩效指标体系（含权重和标准值）。各主管部门要从数量、质量、成本和时效等方面对绩效目标进一步细化。

第六，上年度项目执行和自评情况，以及财政部门对项目支出进行绩效评价的情况。

第七，其他与项目支出绩效目标相关的资料。

从我国各个省份和地区的财政预算绩效目标编报实践来看，这 7 项相关材料的表现方式呈现出两种形式：(1)所有的项目均融会贯通在一张绩效目标申报表中，目前我国绝大多数地方财政部门均采取了这种处理方式，其特点是简便、易操作，但是存在可能由于表格空间限制而误导绩效目标编报内容过于笼统的弊端；(2)将绩效目标、可行性论证等项目单独列出作为申报表的佐证材料予以申报，这种做法的优点是弥补了第一种合编方式略显粗糙、过于框架性的问题，可以实现透明、具体、明细，但缺点也明显，即偏于复杂、烦琐。实践中，这两种编报方法都有实践，前一种占绝对多数，如厦门市（见表 3-2）；采用后一种方式的城市不多，如镇江市（见表 3-3、表 3-4、表 3-5、表 3-6[①]）。相较而言，本书赞成后一种做法。

表 3-2 厦门市绩效目标申报表（范例）

（×× 年度）

填报单位（盖章）

<table>
<tr><td>项目名称</td><td>文化共享资源及平台建设</td><td rowspan="2">项目属性</td><td colspan="3">新增项目□ 延续项目□</td></tr>
<tr><td>主管部门</td><td>……</td><td colspan="3">一次性专项□ 发展经费□</td></tr>
<tr><td>项目实施单位</td><td>……</td><td>项目负责人</td><td>……</td><td>联系电话</td><td>……</td></tr>
<tr><td>项目起止时间</td><td colspan="5">××年1月—××年12月</td></tr>
</table>

① 表 3-4、表 3-5、表 3-6 均来自镇江市财政局，http://www.zjcz.gov.cn/jxpj/201111/t20111115-635048.htm.

续表

<table>
<tr><td>项目名称</td><td>文化共享资源及平台建设</td><td rowspan="2">项目属性</td><td colspan="4">新增项目□　延续项目□</td></tr>
<tr><td>主管部门</td><td>……</td><td colspan="4">一次性专项□　发展经费□</td></tr>
<tr><td>项目实施单位</td><td>……</td><td>项目负责人</td><td>……</td><td colspan="2">联系电话</td><td>……</td></tr>
<tr><td rowspan="9">项目资金申请(万元)</td><td rowspan="6">资金来源</td><td>资金总额</td><td colspan="4">……</td></tr>
<tr><td>其中：财政拨款</td><td colspan="4">……</td></tr>
<tr><td>历年结余资金</td><td colspan="4"></td></tr>
<tr><td>事业收入</td><td colspan="4"></td></tr>
<tr><td>经营性收入</td><td colspan="4"></td></tr>
<tr><td>其他</td><td colspan="4"></td></tr>
<tr><td rowspan="3">支出明细预算</td><td>项目</td><td colspan="2">申报金额</td><td colspan="2">测算依据及说明</td></tr>
<tr><td>……</td><td colspan="2">……</td><td colspan="2"></td></tr>
<tr><td></td><td colspan="2"></td><td colspan="2"></td></tr>
<tr><td>项目概况</td><td colspan="6">利用现代信息技术，将中华优秀文化进行数字化加工整合，通过互联网、卫星、电视、手机等新型传播载体，依托各级图书馆和镇街文化站、村（社区）文化活动室等公共文化设施，实现先进数字文化的共建共享</td></tr>
<tr><td>单位职能概述</td><td colspan="6"></td></tr>
<tr><td rowspan="3">项目立项情况</td><td>项目立项的依据</td><td colspan="5">……</td></tr>
<tr><td>项目申报的可行性</td><td colspan="5">……</td></tr>
<tr><td>项目申报的必要性</td><td colspan="5">……</td></tr>
<tr><td rowspan="6">项目实施进度计划</td><td>项目实施内容</td><td></td><td></td><td colspan="2"></td><td></td></tr>
<tr><td>1. 招投标工作</td><td colspan="2">开始时间</td><td colspan="3">完成时间</td></tr>
<tr><td>2. 数字化加工整合</td><td colspan="2">××年1月</td><td colspan="3">××年2月</td></tr>
<tr><td>……</td><td colspan="2">××年3月</td><td colspan="3">××年6月</td></tr>
<tr><td></td><td colspan="2"></td><td colspan="2"></td><td></td></tr>
<tr><td></td><td colspan="2"></td><td colspan="2"></td><td></td></tr>
</table>

续表

<table>
<tr><td>项目名称</td><td>文化共享资源及平台建设</td><td rowspan="2">项目属性</td><td colspan="3">新增项目□　延续项目□</td></tr>
<tr><td>主管部门</td><td>……</td><td colspan="3">一次性专项□　发展经费□</td></tr>
<tr><td>项目实施单位</td><td>……</td><td>项目负责人</td><td>……</td><td>联系电话</td><td>……</td></tr>
<tr><td rowspan="2">项目绩效目标</td><td colspan="2">预期提供的公共产品和服务</td><td colspan="3">项目支出的预期效果</td></tr>
<tr><td colspan="2">（1）推进公共服务平台建设和维护，主要是公共电子阅览室平台及便携式移动导播台的建设和维护
（2）采集CNKI中国期刊（人文社科）全文数据库、CNKI重要报纸全文数据库、CNKI工具书数据库、维普科技期刊、维普考试库万方会议论文、方正Apabi电子图书、方正电子报、超星读秀平台、龙源电子期刊、中经视频等数字资源；扩大资源使用范围满足利用各种新兴媒体开展服务的版权需求</td><td colspan="3">构建以传播数字化内容信息资源为核心的区域数字资源共享服务平台，整合统筹图书馆以及其他机关、事业单位和科研机构的信息资源，实现全市信息资源共建共享，使全市各机关、各区图书馆及所有持社会保障卡的市民均可远程阅览××市图书馆的数字资源。以此传播先进文化、促进社会和谐，更好地满足基层人民群众日益增长的精神文化需求</td></tr>
<tr><td rowspan="9">绩效指标</td><td>一级指标</td><td>二级指标</td><td>指标内容</td><td>指标值</td><td>备注</td></tr>
<tr><td rowspan="8">产出指标</td><td rowspan="5">数量指标</td><td>可提供全文电子文献传递的图书</td><td>年增加2万种</td><td></td></tr>
<tr><td>可提供全文阅读的图书</td><td>年增加0.8万~1万种</td><td></td></tr>
<tr><td>网络图书馆元数据条数</td><td>年增加1500万条</td><td></td></tr>
<tr><td>电子期刊文献</td><td>年增加50万篇</td><td></td></tr>
<tr><td>其他文献信息</td><td>年增加21万条</td><td></td></tr>
<tr><td rowspan="2">质量指标</td><td>网络图书馆点击量</td><td>年点击量达到80万次</td><td></td></tr>
<tr><td>电子图书全文阅读量</td><td>年下载阅读1万册</td><td></td></tr>
<tr><td>时效指标</td><td>电子图书试读量</td><td>年试读达到10万次</td><td></td></tr>
</table>

续表

<table>
<tr><td>项目名称</td><td>文化共享资源及平台建设</td><td rowspan="2">项目属性</td><td colspan="3">新增项目□　延续项目□</td></tr>
<tr><td>主管部门</td><td>……</td><td colspan="3">一次性专项□　发展经费□</td></tr>
<tr><td>项目实施单位</td><td>……</td><td>项目负责人</td><td>……</td><td>联系电话</td><td>……</td></tr>
<tr><td rowspan="15"></td><td></td><td>成本指标</td><td>电子期刊下载量</td><td>下载期刊篇数达到35万篇</td><td></td></tr>
<tr><td></td><td>……</td><td></td><td></td><td></td></tr>
<tr><td rowspan="9">效益指标</td><td rowspan="2">经济效益指标</td><td></td><td></td><td></td></tr>
<tr><td></td><td></td><td></td></tr>
<tr><td rowspan="2">社会效益指标</td><td></td><td></td><td></td></tr>
<tr><td></td><td></td><td></td></tr>
<tr><td rowspan="2">环境效益指标</td><td></td><td></td><td></td></tr>
<tr><td></td><td></td><td></td></tr>
<tr><td>可持续影响指标</td><td></td><td></td><td></td></tr>
<tr><td rowspan="2">……</td><td></td><td></td><td></td></tr>
<tr><td></td><td></td><td></td></tr>
<tr><td rowspan="2">服务对象满意度指标</td><td rowspan="2">具体指标</td><td>相关服务对象满意度</td><td>≥ 85%</td><td></td></tr>
<tr><td></td><td></td><td></td></tr>
<tr><td rowspan="2">……</td><td></td><td></td><td></td><td></td></tr>
<tr><td></td><td></td><td></td><td></td></tr>
<tr><td colspan="2">其他说明的问题</td><td colspan="4"></td></tr>
</table>

填报人：　　　　单位负责人：　　　填报日期：

表 3-3　镇江市市级财政专项资金预算绩效目标管理

项目申报表——基础信息

填报单位名称（盖章）：

<table>
<tr><td>项目支出名称</td><td></td><td>项目属性</td><td colspan="3">新立项目□
上年度延续项目□</td></tr>
<tr><td rowspan="2">项目申报部门（单位）</td><td rowspan="2"></td><td rowspan="2">项目负责人</td><td rowspan="2">手机：</td><td rowspan="2">联系电话</td><td>办公：</td></tr>
<tr><td></td></tr>
<tr><td rowspan="2">项目实施部门（单位）</td><td rowspan="2"></td><td rowspan="2">项目负责人</td><td rowspan="2">手机：</td><td rowspan="2">联系电话</td><td>办公：</td></tr>
<tr><td></td></tr>
<tr><td>项目类型</td><td colspan="5">经济发展类□　基本建设类□　社会事业发展类□
公共服务类□　其他类（　）</td></tr>
<tr><td>立项依据</td><td colspan="5"></td></tr>
<tr><td>项目起止时间</td><td colspan="2">计划开始时间：年 月 日</td><td colspan="3">计划完成时间：年 月 日</td></tr>
<tr><td rowspan="7">项目资金申报总额（万元）</td><td>资金来源</td><td>项目投资总额</td><td>以前年度累计投资</td><td>本年度计划投资</td><td>以后年度计划安排</td></tr>
<tr><td>1. 中央及省级财政资金</td><td></td><td></td><td></td><td></td></tr>
<tr><td>2. 市财政资金</td><td></td><td></td><td></td><td></td></tr>
<tr><td>3. 单位自筹</td><td></td><td></td><td></td><td></td></tr>
<tr><td>其中：银行贷款</td><td></td><td></td><td></td><td></td></tr>
<tr><td>4. 其他</td><td></td><td></td><td></td><td></td></tr>
<tr><td>合计</td><td></td><td></td><td></td><td></td></tr>
<tr><td>项目概况</td><td colspan="5"></td></tr>
<tr><td rowspan="5">项目实施进度计划</td><td colspan="2">项目实施内容</td><td>计划使用资金</td><td>开始时间</td><td>完成时间</td></tr>
<tr><td colspan="2">1.</td><td></td><td></td><td></td></tr>
<tr><td colspan="2">2.</td><td></td><td></td><td></td></tr>
<tr><td colspan="2">3.</td><td></td><td></td><td></td></tr>
<tr><td colspan="2">……</td><td></td><td></td><td></td></tr>
<tr><td>以前年度项目绩效评价情况以及对存在问题的整改落实情况（跨年度项目）</td><td colspan="5"></td></tr>
</table>

单位负责人（签名）：　　填报人（签名）：　电话：

表 3-4 镇江市市级财政专项资金预算绩效目标管理

项目申报表——绩效目标

填报单位名称(盖章):

<table>
<tr><th colspan="2">项目绩效目标主要内容</th><th>总目标</th><th>阶段性目标(本年度)</th></tr>
<tr><td colspan="2">一、预期提供的公共产品和服务,包括数量目标、质量目标、时效目标、成本目标以及服务对象满意度目标</td><td></td><td></td></tr>
<tr><td colspan="2">二、达到预期提供的公共产品和服务所必需的资源,包括人力、财力、物力资源</td><td></td><td></td></tr>
<tr><td colspan="2">三、预期效果,包括经济效益、社会效益、环境效益、可持续影响等预期</td><td></td><td></td></tr>
<tr><td colspan="2">四、衡量或评估项目活动的相关产出、服务水平和记过的考核指标</td><td></td><td></td></tr>
<tr><td rowspan="3">基建项目</td><td>工期控制目标</td><td></td><td></td></tr>
<tr><td>成本控制目标</td><td></td><td></td></tr>
<tr><td>质量控制目标</td><td></td><td></td></tr>
</table>

注:本年度实施当年完成的项目总目标与阶段性目标应一致。

表 3-5 镇江市市级财政专项资金预算绩效目标管理

项目申报表——绩效评价指标与标准值

填报单位名称(盖章):

<table>
<tr><th colspan="2">绩效评价主要指标分类</th><th>主要评价指标</th><th>标准值</th></tr>
<tr><td rowspan="12">一、投入指标</td><td rowspan="3">1. 资金来源结构(比重)</td><td></td><td></td></tr>
<tr><td></td><td></td></tr>
<tr><td></td><td></td></tr>
<tr><td rowspan="3">2. 资金应用结构(比重)</td><td></td><td></td></tr>
<tr><td></td><td></td></tr>
<tr><td></td><td></td></tr>
<tr><td rowspan="3">3. 资金投入的相对量(单位成本)</td><td></td><td></td></tr>
<tr><td></td><td></td></tr>
<tr><td></td><td></td></tr>
<tr><td rowspan="3">4. 财政投入影响</td><td></td><td></td></tr>
<tr><td></td><td></td></tr>
<tr><td></td><td></td></tr>
</table>

续表

绩效评价主要指标分类		主要评价指标	标准值
	5. 其他指标		
二、产出与效果指标	1. 经济效益指标（业绩指标）		
	2. 社会效益指标		
	3. 生态环境效益指标		
	4. 其他指标		
三、发展能力指标	1. 历史性形成的资产相关指标		
	2. 人力资源状况指标		
	3. 其他指标		
四、满意度指标	1. 社会相关利益者（公众）满意度指标		
	2. 项目单位内部及关联部门职工满意度指标		
	3. 其他指标		

表 3-6　镇江市市级财政专项资金预算绩效目标管理

项目申报表——可行性论证报告

填报单位名称(盖章):

××× 项目可行性论证报告

第三节　预算绩效目标管理的实施

一、预算绩效目标管理的必要性

(一)政府职能转变的新要求急需财政预算绩效目标管理

从财政预算绩效目标管理方式的内涵及内容来看,它是与新时期建设法治政府和服务型政府,以及政府职能转变要求最为配套的财政管理方式。

(1)财政管理是政府行政管理的一个重要组成部分,因此财政预算绩效目标管理改革本身就是政府行政管理方式在财政领域的一次创新、尝试。

(2)站在经济支撑角度看政府预算绩效目标管理,不难发现,这一管理方式能够为构建法治政府做出突出贡献。学界普遍认为法治政府“应该具备公开透明政府、责任政府和诚信政府等特征”,财政预算绩效目标管理需要从事前、事中、事后 3 个方面,以全流程的视角、全覆盖的措施进行。从资金角度,通过绩效评价等手段,通过目标管理、审计监督等过程,对各级政府的公共治理服务进行管控。此外,关于预算绩效管理的信息也根据规定向政府部门、人大、政协、社会公众等对象公开,力争做到公平、公正、透明化,这些举措对于法治政府的构建都有促进和制约作用。

(3)紧密结合现代财政预算功能的绩效目标管理是合理构造政府与市场关系的最优公共财政管理方式。要“使市场在资源配置中起决定性作用的基础”，就要严格界定好市场这只“无形的手”和政府这只“有形的手”的行为边界，政府只有在市场无效或者低效的情况下才能伸出自己这只“有形的手”。财政在政府治理中占据十分重要的地位，也是政府治理的基础和支柱。可以想见，要想构建政府治理的新模式，就离不开拓展新型的财政管理方式，因为财政预算绩效目标管理能够从源头、过程和结果方面对政府的经济行为进行监管和控制，能够更为清晰地划定市场和政府行为的边界。

（二）预算绩效目标管理是融精细化、科学化的“四位一体”财政管理模式

伴随着形势的发展和财税管理水平的提高与深化，我国的财政部门也大力开展了财政预算管理模式的创新与改革，提出应本着精细化、科学化的导向，构筑财政预算编制、预算执行和预算监督“三位一体”的新型财政预算管理模式，以提高财政资金的使用效率和效益。这一理念与模式转化的早期突出实践，就是各地财政部门均如火如荼地开展了财政支出管理的绩效评价工作，并设立了专职的绩效评价业务处室。“三位一体”可以简单地理解为是 3 个表现完全不同的目标对象却具有相同的一个本质，显然，建立一本精确细致、科学合理的财政预算是财政管理模式改革的根本动因。之后，随着实践的深入和我国财政管理工作的延伸拓展，在“三位”的基础上又增加了“一位”——以绩效管理为内容的“管理”，由此我国当前大力推行的新型财政管理模式（或称新型财政预算管理模式）就被形象地简称为“四位一体”模式，即财政预算的编制、执行、监督、管理有机结合的“四位一体”财政管理框架。

值得指出的是，在现有的新形势下，财政预算管理方式的改革是基于原有财政管理工作基础之上、渐进式优化的改革，而不是脱离历史基础、一蹴而就的新事物。本书认为，在新旧财政预算管理模式的转换之际，财政预算绩效目标管理方式是最优的模式衔接与选择。其原因主要有两个：一是“四位一体”财政管理模式的宗旨，是为了提高财政预算的精细化与科学性。而所谓精细化的标准、科学化的依据则是财政支出的目标是什么，没有目标的支出策略是不可能取得最佳效果的，没有内涵指向的预算也必然更难以在“细”的基础上做“精”。二是从前述财政预算绩效目标管理的广义视角以及图 3-1 所展示的框架流程来看，这一财政预算的管理方式与“三位一体”或“四位一体”方式具有天然

的融合性，在静态的角度上，后者中的每“一位”都可以对应图3-1流程中的某个环节，因此财政预算的绩效目标管理模式可以框架性地理解为是“四位一体”模式的系统化与内在整合。

（三）预算绩效目标管理是财政预算绩效管理体系的重中之重

随着我国财政管理工作的不断深化，为了与政府绩效管理的导向相呼应，我国各级政府的财政管理在“三位一体”的基础上，增加了重要的一环——绩效管理，这也是目前我国各级政府和财政部门正在着力构建的一项财政管理工作。财政预算绩效目标管理本就是财政绩效管理流程的第一个环节，并且是后续预算执行监管和执行结果评估的衡量标杆和参照基准，因此，对于“预算绩效目标管理、事中跟踪问效和事后绩效评价”相统一的预算绩效管理体系而言，财政预算的绩效目标管理无疑是重中之重。

事实上，我国对于财政预算绩效管理模式的探索是从预算执行决算环节的绩效评价，即后评价开始的。这是在当时背景下的无奈选择，但实质上这种做法在一定程度上存在本末倒置，因为在权衡的目标还没明确、优化的前提下，财政预算资金的评价效果是很难达到既定目标的。因此，在我国财政绩效评价工作已取得了一定实践经验、组织机构与人员日益健全、技术性手段日益先进的情况下，急需回溯到财政预算的绩效目标管理环节，从源头上为财政预算绩效管理模式掌好舵、把好导向。

二、预算绩效目标管理的基本框架

全过程的预算绩效目标管理的基本框架如图3-3所示。

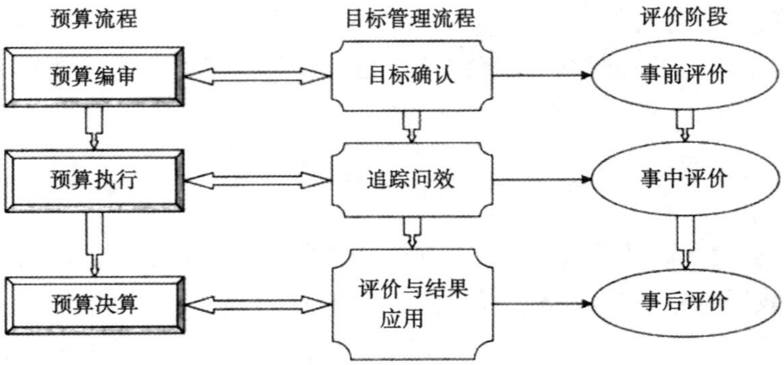

图 3-3　预算绩效目标管理法的基本框架[①]

三、预算绩效目标管理的主要内容

（一）预算编制、审批环节的政府绩效目标确定与编审管理的前评价

预算编制、审批环节的政府绩效目标确定与编审管理的前评价，主要分 4 个步骤。第一步是关于适用对象的选择、申报程序以及申报流程的确定。我国目前实行的是部门预算的编制模式，因此可以考虑按照政府预算资金的规模或是政府拟提供资金扶持项目在国计民生或社会发展中的重要作用为标准来选择、确定绩效目标管理的申报对象，并将其流程与“二上二下”的部门预算流程紧密结合。第二步是在此基础上，借鉴图 3-1 的流程，围绕现代政府预算的经济、社会功能，立足政府治理和满足公共利益的角度，确认政府预算具体的绩效目标并论证制定这些绩效目标的政策与现实依据；第三步是要制定具体的目标实现计划以及相应的政府资金预算规模和依据（中长期计划还要分阶段、分步骤地详细论证），并就计划方案进行可行性论证；第四步，则是要由政府预算绩效目标管理的对象确定并提供能够确保其绩效目标实现的绩效自评指标、评价标准和评价方法等。

政府部门应紧密围绕绩效管理理论中的绩效内涵和目标管理理论中关于目标制定的 SMART 原则，对适用预算单位提出的绩效目标从公共产品或公共服务的预期产出情况、成本情况、公共需要满足程度、预期效果等方面进行绩效考评，并将结果内化到部门预算的编审程序之中，以便最大限度地做好政府资金的事前配置工作。

① 毛翠英．财政预算绩效目标管理研究 [M]．北京：中国财富出版社，2013．

（二）预算执行环节的追踪问效与过程管理的中评价

这一环节的组织流程与政府预算执行的具体主体、程序相一致，主要是针对经过编审得以确立的绩效目标，按预算制度的安排进行资金拨付与执行，核心是紧扣绩效目标实现程度控制政府资金的拨付进度和预算执行程度。此环节的组织主体一般是政府部门的各业务处室以及国库处。

这一环节的绩效评价侧重于考核政府资金的拨付进度、使用情况与既定的绩效目标的匹配程度与实现程度。操作上主要是通过采集运用资金使用过程中的相关信息，定期或不定期地对预算执行实际绩效与预期目标绩效进行比对，及时分析、发现预算执行中出现的相关问题并及时采取措施对偏离了预期目标的资金使用予以纠正，或是根据新形势、新情况在保证不背离预期绩效目标的前提下对部分预定指标进行微调，以促进绩效目标在最大限度上的顺利实现。

（三）预算决算环节的政府绩效评价与结果管理的后评价

这是对政府预算执行完成后的结果进行的综合评价，旨在通过对政府绩效目标管理适用对象的整个政府预算资金运作情况作一个总结性的考核与评价，以此对绩效目标的完成情况以及项目与相关的资金到底产生了什么样的“绩效”作一个最终的综合评判。此环节的评价将成为政府预算安排、政府预算调整以及优化政府预算管理方式方法的重要依据，对后续预算资金的再安排或取消也将具有重要的参照作用。这一环节的绩效评价已在我国各级政府的政府部门中广泛开展，且历经十余年的实践，已取得了大量的经验和成果，技术工具也日臻成熟，各级政府部门在出台了一些日益完善的绩效评价制度的基础上，基本上都设置了专门的政府绩效评价业务处室来专门负责这一工作。可以说，这一环节是目前我国政府预算绩效目标管理方式在实践中已取得最大成效的部分。

这一环节的组织工作主要涉及两个方面：一是预算单位要在政府各业务处室的督促和指导下，对绩效目标管理评价项目开展关于绩效目标实现和完成情况的自评，并向政府部门做汇报；二是政府部门的绩效评价处室负责整个流程的管理与开展，在各预算单位自评的基础上，通过制定一定标准选取部分政府预算项目或者自评范畴内抽取一定的项目，组织专家进行再评价。

这一环节绩效评价的技术衡量遵循西方公共管理活动中绩效评价的范式，依照“绩效”过程和结果的双重内涵，立足“投入—产出”的原理，对整个政府预算项目和资金进行“3E”原则的评估，即经济性、效率性和有效性的评价，来衡量、比较和评判政府预算项目或资金使用相对于预期目标的合理性。鉴于政府支出的性质差异，转移性支出秉承着公平分配的天然职能，因此，对于这类政府预算资金的考评还必须进行公平性（equity）评判，从而“3E”准则转换为“4E”准则。

第四节　预算绩效目标管理的优化

我国虽然在财政预算绩效目标管理上已取得了诸多方面的显著成绩，但在实践环节，仍然存在不少的问题和难点，这些弊端从不同的维度影响着财政预算绩效目标管理工作的整体效果。从我国财政预算管理模式创新和透明预算构建的大导向来看，我们应该继续重视这些问题，并有的放矢地采取应对之策。

一、我国政府预算绩效目标管理工作中存在的主要问题

（一）从效果到目标的逆向构建路径削弱了政府预算绩效目标管理的整体效能

当前，我国的政府预算绩效目标管理以结果为导向，而财政预算资金根据“3E”或“4E”准则发挥出的财政预算的功能则可以作为评价结果的标准。政府预算绩效目标以结果为导向的前提是，该“结果”应该是合意的、符合财政预算基本目标的。从这个角度而言，确定绩效目标应成为合理、科学分配财政预算资金的第一个也是最重要的一个环节。绩效可以看作某个行为主体通过一个合法有序的过程而取得一些不错的成绩或效果，而目标则是这些成绩或效果所要达到的最优状态。由此，可以将绩效目标管理的路径理解为“目标—过程—结果”。所制定的目标是否合理、精细、科学，对整个预算绩效目标管理具有决定性的

影响。毫不夸张地说,倘若这个目标是错误的、不合理的,并以此目标来指导财政资金分配的话,那么财政预算执行的结果也很难不出现失误。按此逻辑,政府预算绩效目标管理所要构建的实践路径应该是“政府预算绩效目标编审→执行过程的绩效跟踪→执行之后的结果评价”。

遗憾的是,基于经验的缺乏以及技术上的可操作性,我国在政府预算绩效目标管理的试点环节并没有采用“齐头并进”的全过程绩效管理模式,而是采用了分阶段性的“逐个突破”。虽然现在看来当时的选择不够正确,但是在那种毫无经验的情况下,那样的选择有其必然性,当时对于突破点的定位放在了财政资金使用之后综合问效的事后评价环节。于是,我国的政府预算绩效目标管理实践的绝大多数时间和精力都是用于财政绩效目标管理的最后一个环节,这必然会影响到对绩效“结果”的“目标”和“过程”环节的评估。这样一种逆向的机制无疑会对预算绩效目标管理工作产生不良的影响,也必然更深层次地影响整个预算绩效管理体系的合理性和科学性。

(二)财政部门的自由裁量权偏大

以委托—代理理论为依据,政府预算资金可以看作政府受纳税人的委托,代替其使用必要资源,提供纳税人所需公共物品和服务而花费的金钱。在接受政府预算绩效管理的过程中,财政预算资金不应该因为受到部门或者人为因素的影响而被差别化使用。就实际情况而言,因为当前我国采用的预算评价模式是单位自我评价与财政部门组织评价相结合,很多时候,项目资金的使用情况由本部门自己评价,财政部门只抽样调查或定向调查,这就造成了绩效目标管理方面的疏漏,这一疏漏主要表现为受评对象的选择上。通常表现为,财政部门为了彰显业绩,在达到被抽评标准的对象选择上违背公平、公正、客观原则,而向政府建议那些问题少、运行好、业务简单的项目或资金作为评价对象。甚至财政部门能直接制定受评对象,在这种情况之下,财政部门的自由裁量权就更大了。

(三)政府预算绩效目标管理过程中的透明度问题仍待提高

虽然政府预算绩效目标管理对于透明预算构建有推动作用,但也必须认识到,我国政府预算绩效目标管理过程中的透明度问题仍待进一步解决。主要表现为:(1)虽然我国政策法规明确规定要适度公开绩效评价结果，并将结果报送给指定单位，但实际操作过程中并无法达到这一规定状态。根据调研可知，当前一些地方政府预算绩效评价结果都还只是内部公开，甚至是内部个别部门公开，其他部门无法拿到确切的材料及结论；（2）被评价对象及其所在部门配合度不高，拖延甚至拒绝向相关工作人员提供预算绩效目标管理所需要的各项资料。

（四）尚未形成真正的全过程的政府预算绩效目标管理

我国政府预算绩效目标管理经历了一种逆向渐进式的实践路径。经过学界、政府及企业管理者、相关专业人员等相当长一段时间的探索，事后评价已经相对成熟和完善。以此为基础，最近几年，我国又出现了关于政府预算绩效目标编审的探索，随之部分地方政府还进行了财政预算执行过程中绩效跟踪。如此，不难发现，关于全过程的政府预算绩效目标管理的事前、事中和事后3个流程均在实践中有所存在。但是，除了事后评价，事前和事中评价的探索还需要进一步深入，有相当多的地方政府仍未开始绩效目标的编审管理和财政预算执行的绩效追踪管理，即使已经开始了这部分工作，但各项工作仍不够成熟，缺乏一致性的、权威性的做法和约束。

二、优化我国政府预算绩效目标管理的相关对策

自从我国开始进行政府预算绩效目标管理工作的试点探索以来，不断取得了一些突破和成绩。这些进步之处为我国完善预算绩效管理体系提供了十分珍贵的理论和实践经验。由于处在探索阶段，在取得一些成绩的同时仍然存在一些不足，分析这些不足并改进，对于政府预算绩效管理工作的发展具有十分重要的作用。为了优化我国政府预算绩效目标管理，可以采取以下几个方面的对策。

（一）大力推进全过程的政府预算绩效目标管理

自党的十六届三中全会提出“建立预算绩效评价体系”和十七届二中全会提出要“推行政府绩效管理和行政问责制度”之后，政府预算绩效目标管理便正式登上历史舞台并扮演越来越重要的角色。财政是国家治理的基础和重要支柱，当前，财政预算的绩效目标管理已成为我国财政管理手段创新和财政预算完善的重中之重。广义的政府预算绩

效目标管理可以简要地理解为是以财政预算资金所要达到的绩效为目标,运用绩效评价的方法,通过对财政与预算流程进行事前、事中、事后全流程评价,并将评价结果进行反馈和应用,以达到财政监督和管理目的的全过程管理与控制。我国部分地方的政府虽然已经对事前、事中、事后的全流程预算管理进行了探索,尤其是事后综合问效环节的探索已经取得了显著成效,但是,由于缺乏统一性、科学性,且并不是所有地方政府都进行了全流程的预算绩效目标管理探索,所以,我国的政府预算绩效目标管理制度还没有真正建立起来。而且我国采用的是逆向绩效目标管理构建路径,虽说这一逆向“渐进式”的改革路径是我国基于与西方发达国家相比这一工作开展的起步较晚、发展较慢形势下的必然选择,但无法真正实现财政预算的全过程绩效管理,这无疑是目前亟须解决的第一大框架性问题。

1. 加快试点步伐,促进财政预算全过程绩效目标管理的实现进度

从我国政府预算绩效目标管理的实践来看,对于不同的地区应针对其实际情况,选择不同的重点领域加大加快其试点的步伐与进度。对于中央部门和省市级别的政府,应大力推进政府预算绩效目标管理的绩效编审进度,回归、还原绩效目标管理是以目标结果为导向的本质。对于县区(市)级别的地方政府,则应区别对待:一是财政预算绩效编审(即事后环节)尚未启动或启动较晚的县区(市),要开始启动或是加快其开展这一工作的试点步伐;二是对于那些条件较好、早已启动事后绩效编审试点并取得了良好效果的县区(市),则比照省级政府,与之同步试点财政预算的事前绩效编审和事中绩效跟踪制度。对于目前已同时展开了事前绩效编审、事中绩效跟踪和事后综合问效 3 个环节的地区,更是应该利用其先行优势,推进其试点步伐,为全国范围内全过程政府预算绩效目标管理的开展尝试、探索、积累宝贵的经验。

2. 推进财政预算资金绩效评价结果的反馈与应用

我国政府将预算绩效目标管理的主要内容概括为“建立‘预算编制有目标、预算执行有监控、预算完成有评价、评价结果有反馈、反馈结果有应用’的全过程预算绩效管理机制,实现预算绩效管理与预算编制、执行、监督有机结合”。我们从以上内容可以读懂一条重要的信息,那就是政府部门要对财政预算资金的绩效评价结果进行反馈和应用。正因

为如此，在新时期政府预算目标管理制度探索和实践中，需要重点研究绩效评价结果的反馈性和应用性问题。

但是，在政府预算绩效目标管理的实践过程中，很多地方政府机构并没有满足上述要求。因为受到利益约束而未能进行科学评价和反馈、受评部门思想意识不到位而拒绝应用评价结果反思自身工作等情况，造成了财政预算绩效评价的“评用脱节”，甚至还有部分单位预算绩效评价只是走走过场，更谈不上对绩效评价结果进行反馈和应用。基于以上情况，相关单位必须重点强调预算绩效评价的重要性，并将评价结果切实用到反馈和应用工作上来。具体而言，要做到以下几个方面：（1）要将绩效评价结果和财政预算的事前环节相结合，即前期财政预算资金的绩效评价要适当、科学地与后期的财政预算编制相“融合”，促进财政预算与财政评价的“二位一体”；（2）绩效评价流程结束后，要及时形成结果并以报告形式向规定部门反馈，尤其是向受评部门反馈，为其改善自身工作提供科学依据，从而实现财政评价与财政执行和财政监督的“三位一体”；（3）要在绩效评价结果的基础上行使行政问责制度，做到奖惩有度，从而促使财政评价与财政监督的“二位一体”。

（二）加强政府预算绩效目标管理的法制化进程

就当前现状而言，我国的政府预算绩效目标管理主要依靠的是行政力量，缺乏法律法规来加以推动执行，这就使得预算绩效目标管理工作缺乏规范性和约束性。第一，不同于西方发达国家，截至目前，我国仍然没有一部专门用于财政预算绩效管理的立法。以美国为例，早在20世纪90年代，美国就出台了《政府绩效与结果法案》。此外，英国和澳大利亚也分别颁布了《绩效审计手册》及《公共服务法案》；第二，尚未能与已有财政法律融合。以我国的《预算法》修订案为例，只在“总则”部分提了一下要“讲求绩效”的原则，并没有设置专门的章节来对预算绩效目标管理做出规定，甚至在预算编制、执行等与预算绩效目标管理息息相关的章节都没有对预算绩效目标管理提出具体的工作要求；第三，当前虽然各级政府颁布了相当多的部门规章和地方政府管理条例，但是这些规章和条例大多具有针对性和地域性，缺乏协调统一的标准。总的来说，我国政府预算绩效目标管理立法还有很长一段路要走，相关人员需要努力推进这一工作的法制化进程。在推进预算绩效法制化的进程中需要重点解决的问题有立法滞后、操作性差异较大、相应对策有专门立法、出台高层次的制度规定以及在既有财政法律中修订增加条款等。

(三)加大政府预算绩效目标管理的信息披露透明度建设

根据当前我国官方公布的一些统计数据不难发现,这些数据大致比较笼统、粗放,极少会涉及完整、详细的财政预算编制、执行、评价等信息,甚至财政政策中都有意忽略掉这一部分,不做过多披露。以上情况对预算绩效目标管理的信息收集及信息质量都造成了非常大的不良影响。正因为如此,政府预算绩效目标管理的透明度建设迫在眉睫。(1)采取法律和行政手段,确保财政预算绩效评价信息得以具体、清晰地展现在法律规定的对象面前,避免出现刻意隐瞒的状况;(2)建立预算绩效评价结果的信息公开制度,按照制度规定,通过文件、网络等形式向受评部门和单位、财政部门、各级政府、人大等进行公示,只有如此,政府范畴内的内部监督才能得以确立和加强,财政预算绩效目标管理的透明度也才能显著提升;(3)以网络、电视、报纸等为媒介,将广大人民群众关心的重大项目、热点项目的评价结果公之于众,在工作中始终贯彻“以人为本”原则,由此,使面向社会公众的外部监督得以实施。

(四)加强宣传,大力树立绩效理念

在全社会范围内树立起一个讲绩效、重绩效的意识形态环境,是我国政府预算绩效目标管理工作应该大力从事的一项内容。从宣传的内容而言,可在社会范围内普遍宣传政府预算绩效目标管理的意义、必要性等基本内容的基础上,针对不同的宣传对象,辅以区别性重点宣传的内容,通过普遍普及和重点突破相结合,构建良好的意识环境。例如,对于财政部门,应重点宣传政府预算绩效目标管理的重要性,尤其是要着重宣传这一模式和传统预算管理模式的差异,以增强其实务操作水平以及责任感;对于职能部门,则可考虑重点宣传这一模式对于传统按需分配财政资金预算模式的冲击,尤其是基于绩效目标管理对于财政预算资金的全过程管理属性,并结合绩效问责的内容,树立职能部门和预算单位的意识由“要钱难”到“花钱难”转变;对于人大、政府、政协等组织及其人员,则可考虑着重宣传这一工作的重要性以及如何理解财政预算绩效评价结果和报告等方面;对于社会公众,则应宣传这一工作与提高财政资金使用效率和效益的内在关联,尤其是突出其对公共利益实现的激励作用,以增加社会公众的参与热情和提高社会监督的意识。

（五）进一步加强全面系统的信息化建设

我国虽然已有上海市等地区开始建立了政府预算绩效目标管理的信息化系统，但从全国范围角度而言，信息建设水平仍然处于较为初级和滞后的状态，因此，作为核心的技术支撑，我国亟须加强全面、系统、科学、高效的政府预算绩效目标管理的信息化建设步伐。具体措施包括加快相关信息系统的研发、建立信息数据交换平台、强化数据的整合与分析、逐步实现信息资源的共享、提高数据传递的准确性和时效性等。

（六）加强政府预算绩效目标管理的人员队伍建设

在开展财政预算绩效目标管理工作之时，必须强调这一工作的专业性。首先，预算绩效流程本就复杂，而预算绩效目标管理不但要考虑被评价者的特点，还要涉及大量信息收集、筛选、评价、反馈等一系列流程，其困难程度不言自明。正因为这样，进行预算绩效目标管理的人员必须是经过培训的、拥有较强工作能力的专业人员。

当前，我国从事政府预算绩效目标管理的人员主要有三大类：（1）倘若由部门进行自我评价，预算绩效目标管理的人员则为本部门工作人员；（2）倘若由财政部门进行评价，预算绩效目标管理的人员则为财政部门的工作人员；（3）倘若由第三方专家或者团队进行评价，预算绩效目标管理的人员则为专家或者团队人员。与此相适应，政府预算绩效目标管理的人员队伍建设应从以上方面着手，由此，绩效目标管理人员的队伍建设可以分为内、外两个部分。就政府内部而言，需要对相关人员进行定期或者不定期的业务培训，不断强化内部预算绩效管理人员的业务素质；就政府外部而言，要对专家进行条件设定和资质审核，避免第三方专家或者团队与受评单位存在利益关系，提高其进行预算绩效评价的独立性、客观性、规范性和有效性。

第四章

政府预算绩效评价体系的构建

预算管理对政府来说非常重要，它可以更合理地利用政府的资金资源，建立一支高效的人才队伍，优化政府预算管理工作。当前，各地方政府普遍存在对预算绩效评价工作认识不到位、缺乏更有效的预算绩效评价体系的问题，因此，必须增强预算绩效评价意识，制定更加科学合理的绩效评价体系，优化绩效评价指标，建立有效的激励机制，提高相关工作人员的职业素质，加大预算绩效管理的执行力，充分发挥预算绩效评价工作的积极作用。

第一节　预算绩效评价概述

一、绩效评价的内涵

绩效评价，是指运用一定的评价方法、量化指标及评价标准，对支出部门（单位）为实现其职能所确定的绩效目标的实现程度，以及为实现这一目标所安排预算的执行结果进行综合性评价。

二、政府预算绩效评价的原则

（一）财政效率原则

效率原则指的是，相关人员用财政效率作为标准，对政府支出和与此相关的一系列行政行为进行评价。财政效率有其独特性，主要内涵为公共支出与社会效果的比较。它既与传统意义上以私人组织为基础的经济效率不同，也与以军事和行政工作命令服从为基础的行政效率不同。财政效率下的社会效果指的是公共部门通过提供服务而产生的社会影响，主要表现为公共利益的增进。

很多行政机关的工作人员在长期的工作中早已习惯了命令—服从关系，在这样的关系之下，决策者就是命令的发出者并不关心决策的成本，而服从者也就是命令的执行者也只关心决策的执行过程，他们都不关心在执行决策过程中所耗费的财力和民力。这种状况就造成了有限资源的浪费和低效。而财政效率不但要求工作人员仔细考虑资金投入及进行成本核算，还要求工作人员详细探究产出成果。财政效率原则为我们分析政府行为提供了独特的视角。

财政效率的评价过程如图 4-1 所示，即：

第一，确定公共支出的社会效果，并定量化；

第二，确定为取得效果而消耗的公共支出；

第三，按效率公式将二者进行对比，得出实际成本；

第四，比较实际成本与标准成本，决定取得上述效果的代价是否

"值得"。

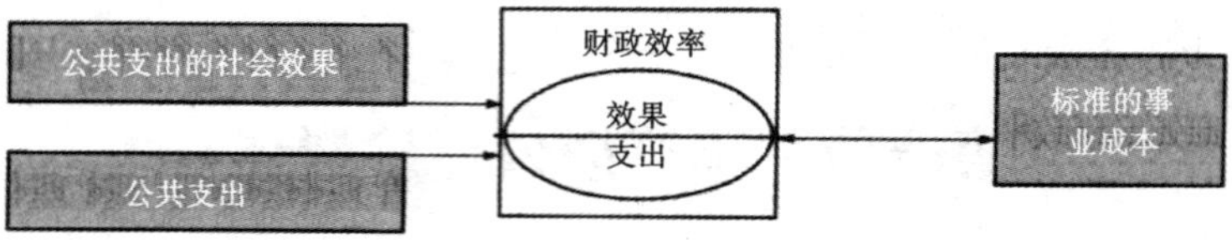

图 4–1　财政效率的评价过程 [①]

(二)价值中立原则

价值中立原则是绩效评价中非常重要的一项原则,学术界又将这一原则称为事实—价值两分法原则。其主要内容如下。

(1)评价人一定要以尊重事实和公共价值标准为前提条件。换言之,预算绩效评价的唯一标准就是事实,评价人在进行预算绩效评价的时候应该客观公正,不能带有主观情绪、掺杂私人感情、罔顾事实依据,避免评价过程复杂化。

价值中立原则坚持"事实是唯一标准",如此,不仅仅使得政府预算绩效评价具有权威性和说服力,也使得其在行政管理中具备"后发制人"的效应。

如果说,当前我国财政部门将大量的时间花在与支出单位讨论每项预算支出应该给多少钱,而且这种讨论通常是一场没有硝烟的"拉锯战",那么,在以后的预算绩效管理中,工作人员将花费更多的时间用于讨论所支出款项应当用何指标来测定和评价其效果。因为预算绩效评价结果能够对官员的升迁产生一定的影响,官员也会更加注重各项支出效果,而不再仅仅关心拨了多少款,这正是广大人民群众所期待的效果。

(2)对预算绩效评价效果提出量化要求,即避免使用模糊的、笼统的、类似于"合格"与"不合格"这样的结论,仅仅用分数或者指标说话。由于政府预算绩效管理的对象主要是各项公共服务支出,这些公共服务与广大人民群众息息相关,其支出效果也自然应该接受广大人民群众的评论。在众口难调的情况下,通常采用多目标评价方式。换言之,也就是预算绩效评价的指标不能是单一的,在多目标预算绩效评价过程中,

① 马国贤.政府绩效管理[M].上海:复旦大学出版社,2005.

为了使结果具有科学性和说服力,需要采用结果量化的方式,在评价之前确定量化标准。通过量化结果,评价者和受评者都可以清楚地看到受评对象或者自身是否达到预算目标。

(三)公开、透明原则

1. 公开原则

(1)预算绩效评价的整个过程公开。相关工作人员应该按照规定,制定科学合理的预算绩效评价程序。整个评价过程本着公平、公正、公开的原则。在预算绩效评价结果出来后,要及时反馈,并向有关责任方通报评价结果,必要时还需要向公众公开。

(2)尊重客观事实。在评价过程中,被评价者提供的资料不能盲目采用,要经过专业人员的审核。审核方既可以是评价者,也可以委托会计师事务所等第三方专业人员。审核方要对审核过程、审核依据、审核方法、审核意见等进行详细记录,由审核人签字并对审核结果负责,以确保审核结果专业、真实、可信。

评价人要对上述记录进行仔细的检查核实,对审核结果的真实性做出评估,如果认为某部分资料的真实性存疑,可以向审核方提出重新审核并再次进行查验。

2. 透明原则

透明原则的主要内容有:(1)评价结果不能只由评价方说了算,还需要征求被评价方的意见,如果被评价者不同意已出具的评价结果,专家组可以通过举办听证会等方式进行裁决。(2)结果公开。按照相关规定,以书面形式向被评价方、被评价方所在单位、政府、人大等机构报告,甚至通过媒体公开。

(四)回避原则

(1)坚持"专家评价"制度。也就是说,从公正、权威的角度出发,专家组成员对预算绩效进行评价并自主得出评价结果,不受利益链条上各方势力的左右。

(2)要求有利害关系的人回避。该原则的应有之义为:第一,被评价方在评价过程中应当回避。在提交完所有必需的评价资料后,被评价方应回避，从而尽量避免影响预算绩效评价结果的公正性。第二，与被评价方有利害关系的专家必须回避。作为专家组成员，倘若与被评价方存在利害关系，则必然会影响评价结果的科学性、准确性。

三、政府预算绩效评价的重要作用

（一）有助于提高资金使用效率

在政府工作的各项环节中，相关工作人员应高效、合理地使用有限的财政预算。无论是过去还是现在，一些政府机关单位都存在着滥用资金的情况，很多公职人员也因此受到法律的制裁。这样做不仅造成政府资源的浪费，而且阻碍了政治清明、国家发展，单位预算资金效益不高也必然成为其中的一个方面。实施政府预算绩效评价，可以根据预算绩效目标对全流程进行及时、有效的监督，从而尽量避免出现私用、滥用资金等违法乱纪的现象，使得政府的资金都能得到高效、科学、合理使用，切实提高资金使用效率。

（二）有助于廉政建设

在对政府工作进行预算绩效评价的过程中，可以督促相关单位制订出切实可行的预算资金使用计划，并能够及时、准确地把握资金流向，尽可能地避免资金的私用、滥用、盲用，从而对相关工作人员的行为形成约束，降低贪污腐败等案件的发生率，促进政府机关单位的廉政建设，为政府各部门、单位的健康稳定运行提供重要保障。

（三）有助于提高公共服务质量

科学、准确地实施预算绩效评价工作，能够使政府工作人员对资源的使用情况及工作进度更加关注。在进行资金的使用时，相关工作人员会更加积极主动地了解每项工作的支出和收益，及时进行反思和总结，发现问题、解决问题，完善各环节流程，从而既有助于推动预算绩效管理的顺利实施，又有助于全面考虑资金需求并做出更合理的资金使用规划。政府的资金使用效率提升了，更多的行政成本可以节约下来用到别的有需求的方面，政府的公共服务质量也会得以提升。

四、政府预算绩效评价存在的问题

(一)预算绩效评价的意识淡薄

当前,部分政府工作人员对于绩效评价的重要性、新预算法及实施条例等的理解不深刻,部分单位故步自封,并没有学习全面预算管理等新时期新理论,而是始终沿用传统的预算管理理念,从而预算绩效评价的意识淡薄,单位行政效率低下。甚至有部分觉悟不高的工作人员认为,预算绩效评价工作只是财务部门的事情,因此拒绝或者不主动参与绩效评价工作,给预算绩效评价工作带来阻碍。

(二)预算绩效评价制度不完善

预算绩效评价工作离不开规范、科学的评价制度,但是仍然有些单位没有意识到预算绩效评价工作的重要性,只是应付式地走流程,既没有制定科学、合理的预算绩效评价制度,也没有设立清晰、准确的预算绩效目标,使得预算绩效评价工作陷入混乱。政府预算绩效评价工作也因此不能发挥其应有的作用。

(三)预算绩效评价指标设计不合理

预算绩效评价指标是预算绩效评价得以正确实施的保障。在当前的预算绩效管理工作中,部分单位通常将工作的重点放在能申请到多少资金上,而对后续的资金使用渠道和使用效率等不甚关注;还有部分单位仅仅照搬照抄其他单位的预算绩效评价流程,而不以本单位的实际为依据,这些都是由于本单位没有对预算绩效评价指标进行合理设计。

(四)缺乏激励制度

激励制度就好像一剂强心针,无论是政府单位,还是普通的企业单位,都应该根据本单位的实际情况制定并实施激励制度。当前,很多政府单位并没有设立激励制度,一些预算绩效评价结果较好的部门和个人得不到任何奖励;一些预算考核结果较差的部门和个人而言也不会受到一定的惩罚。这在一定程度上,提供了部分人员“浑水摸鱼”的温床,也无法调动一部分人的工作积极性,由此预算绩效评价工作的约束力大打折扣。

（五）工作人员职业素养参差不齐

并不是所有人员都能够从事预算绩效评价工作，预算绩效评价工作具有较强的专业性，需要专业人员从事这一工作。反观当前，很多政府单位缺乏专业的人员进行预算绩效评价，很多从业人员未经过培训就到岗就业，职业素养不高，对预算绩效工作缺乏准确的认识，甚至无法正确地操作各项流程，十分不利于政府绩效评价工作的开展。

（六）绩效评价结果没有有效利用

在预算绩效评价结束之后，相关工作人员会根据情况出具绩效评价结果。虽然绩效评价结果反映了预算资金使用的效率和效益，对政府完善预算管理工作具有积极的作用，但是很多单位并没有有效利用预算绩效评价结果，而是走过场，糊弄了事。如此，既没有解决预算绩效评价过程中出现的问题，也没有将评价结果作为下一年度预算绩效编制的依据，从而导致预算绩效管理不能充分发挥作用。

五、政府预算绩效评价取得的成效

自党的十六届三中全会以来，各级财政部门和支出部门坚持制度先行、逐步完善的原则，稳步推进财政资金的绩效评价工作。通过采用单位自评、财政部门复评、支出部门评价、财政部门与支出部门联合评价等多种评价方式，建立由专家、中介机构、人大、政协等多方参与的无相关利益的第三方评价体系，尝试在评价过程中运用专家评价法、问卷调查法、群众询问查证法等多种方法，对存在的重大问题由专家来评议，逐步建立起由制度、指标、方法、组织、成果运用等构成的绩效评价体系。这些办法的制定和实施，标志着财政资金绩效评价制度和以“追踪问效”为导向的财务管理模式得以建立，为实现财政资金科学、规范、高效使用和管理提供了制度保证。

（一）工作开展协同化

在绩效评价工作中，探索出“五统一”的办法进行协同评价。具体做法如下。

（1）统一确定评价对象。依据上一年度财政资金项目开工建设和预算执行情况，商定并下达当年《关于开展财政资金项目绩效评价工作的通知》，确定评价对象、内容、范围，对评价方法、步骤、时间、分组等进行详细安排，并提出具体要求。

（2）统一组织协作。在开展绩效评价工作之初，建立以相关政府部门、科研机构、高等院校、社会中介机构的有关技术和财务专家组成的绩效评价专家库。每年开展绩效评价工作时，根据当年的绩效评价任务随机抽调专家，组成若干专家组，深入具体项目开展绩效评价工作。

（3）统一绩效评价方法。采取“点面结合、突出重点”的办法，在全面评价的基础上，选择具有代表性或使用资金数额较大的单位或项目实行重点评价。采取现场和非现场结合的评价形式，进行现场勘查、问询、复核，对被评价项目的有关情况进行实地核实，并对所掌握的有关信息资料进行分类、整理、分析和评价，而后根据项目单位提交的项目绩效报告和其他相关资料进行分析，提出评价意见。采用定性和定量分析相结合的方法，比如成本效益分析法、最低成本费用法、综合指数法、模糊数学法、打分法等。

（4）统一绩效评价成果等级。将定量指标评价分数和定性指标评议分数，运用层次分析法，确定各项指标权重，构造判断矩阵，依据原始数据的标准化值及准则层对方案的权重，计算评价方案层中各指标的综合评价结果。结合计算机软件技术，研究开发专家打分系统软件，由系统软件自动生成项目的综合得分，确定绩效评价的 4 个等级，即优秀、良好、一般、较差。

（5）统一绩效评价报告。绩效评价工作组对被评价对象上一年度内专项项目资金支出效益等情况，进行对比分析评价后形成综合结论性报告。评价报告既要客观反映被评价对象的情况、专项项目进展和资金使用等情况，同时，还要针对项目实施过程中存在的问题和应开工但未开工的项目，要求被评价单位出具落实整改的书面承诺。

（二）指标体系科学化

设立科学的评价指标体系，是开展绩效评价的前提和依据。在绩效评价工作试点过程中，各地针对财政资金项目的可行性研究及立项设计报告进行细致的分析，逐类别、逐项目选择绩效指标，确定绩效基准，制定各绩效指标拟达到的目标。建立起 3 类专项资金项目绩效评价指标体系，同时，逐步建立健全绩效评价的管理办法和制度。

实践中，根据绩效评价工作的进展和实际情况，每一年度都进一步完善财政资金绩效评价指标体系，以适应各类项目的特殊性。删减一些不适用的指标和权重，加大项目管理、资金预算执行的权重，增加组织管理水平、行政管理效率、公众满意度、社会需求等指标和权重，引进财政资金项目绩效评价指标体系的有效性和准确性，促使被评价部门更加注重提高社会效益和项目资金的使用效率。

（三）激励约束精细化

凡项目实施中存在问题的，都要做出书面整改承诺，整改承诺既包括项目单位，也包括财政部门和主管部门。通过绩效评价，及时发现项目承担单位在资金使用、技术管理、项目工程等方面存在的一系列问题，绩效评价工作小组在现场与财政、支出部门一起分析研究存在问题的主要原因，共同商定提出切实可行、时效性较强的整改措施。通过落实整改措施，较好地提高项目的整体管理水平，基本上能从源头上改变项目组织实施开工慢，造成未开工、未完工项目较多的现象，为加快专项资金项目完工验收奠定良好的基础。

（四）资金监管立体化

及时发现项目承担单位在资金使用、技术管理、项目工程等方面存在的问题，有效加强对项目的监督管理，是开展绩效评价工作的重要目标之一。开展绩效评价工作过程中，逐渐建立起立体化的资金监管体系。

第一，不断扩大项目评价范围，凡是使用专项资金的项目都列为年度评价对象；第二，项目评价组管理人员和技术专家与项目承担单位、项目技术负责人及项目财务管理人员直接沟通，查找问题，交流经验，现场及时解决项目实施中存在的管理和技术问题，对提高项目的管理水平有着直接的促进作用；第三，凡项目实施中存在问题的，被评价单位，或者主管部门，或者财政部门，要做出书面整改承诺，一经承诺，就赋予了项目所在地管理单位重要的诚信作用，保证项目整改及时，监督到位；第四，每年都要对上一年度项目进行绩效评价，形成良性循环，并与审计、专项检查等工作有机融合，形成一个专项资金监督管理的有机结合体；第五，积极扩大绩效评价结果的运用，尝试运用绩效评价成果编制年度预算。将绩效评价成果作为年度专项资金预算指标分配的一项重要因素，奖优罚劣，发挥绩效评价成果运用机制的推动作用，促使专项资金项目预算与项目工作计划、绩效目标紧密衔接，增强项目承担单位的绩效意识。

第二节　预算绩效评价方法

目前，预算绩效评价的方法有很多种，包括逻辑分析法、平衡计分法、样本基准法、数据包络分析法、成本效益分析法、因素分析法、比较分析法、公众评判法，等等，本书主要介绍前3种。

一、逻辑分析法

（一）逻辑分析法的概念

逻辑模型分析又被称为逻辑模型或逻辑推理，指通过逻辑推理寻找事物之间的内在联系，也就是指集合条件和各种可能结果之间的相关性分析。一般情况下，之所以在政府预算绩效评价过程中采用逻辑分析，目的就在于找出公共支出与支出效果之间的关系，也就是公共利益质检的关系。

（二）逻辑分析法的作用

学界运用逻辑分析法对管理过程中的投入产出关系进行分析已有一段时间，这不是一种新的方法。逻辑分析法之所以被引入公共管理，与其特殊的视角有密切的关系。逻辑分析法通常采用系统论的观点来规划、管理和评价效果。由此，在运用逻辑分析法后，工作人员能够十分迅速地进入状态，找出与被评价方相关的指标。逻辑分析法的作用如下。

1. 规划、管理和评价作用

逻辑分析法具备项目规划、管理和评价作用。

第一，项目战略设计和规划。逻辑分析法作为项目战略规划的形式之一，能够简明清晰地向主要利益相关者就项目内容进行介绍，从而使利益相关者知悉项目产生的原因、项目背后的基本原理以及在不久的将来项目将如何具体操作。

第二，项目执行过程中以逻辑分析法为核心，重心放在管理规划上。如此，有利于管理者厘清各环节要素，辨认和收集所需信息，确保项目执行效果的达成，并提高项目执行效率。在执行和管理项目的过程中，使用逻辑分析法要求管理者将主要精力放在获得和记录结果上。逻辑分析法能够在关键方面设置优先权来追踪和反馈信息，基于此，决策者能够及时做出必要的调整。

第三，在项目评价或战略评估报告中，为了帮助决策者做出正确决策，逻辑分析法通过各种手段来提交与结果相关的项目过程信息。

2. 联系和沟通作用

之所以说逻辑分析法具有联系和沟通作用，这主要在于其能够向公共支出方、支出使用方、政策制定者等提供项目的“缩影”和期望结果，是可以作为提供建议的一种极有说服力的方法。逻辑分析法能够清晰明确地列出项目的结果、期望的效果等所有人关心的共通问题，从而在拨款者和使用者之间起到重要的联系和沟通作用。

3. 绩效评价作用

逻辑分析法为政府预算绩效评价提供了切实可行的基本框架，其简洁明了地将期望得到的结果列了出来。用量化的术语描绘这些期望得到的结果，并从实际出发，制订出合理的评价指标体系，为预算绩效管理及绩效评价提供便利。

完备的逻辑分析法必然会将达到期望结果过程中的各个参考点列出来，使得评价方能够及时发现问题，对预算绩效管理体系进行修正。表 4–1 描述了成功的项目和使用逻辑分析法的效果。

表 4–1　成功的项目和使用逻辑分析法的效果

项目成分	项目成功的标准	项目逻辑应用的效果
规划和设计	提前定义项目的目标和目的，以及重要方面的影响	找出一个项目理论上或逻辑上的差距并解决问题
	项目目标和目的合理和可行	使大家可以理解项目的各个部分和如何运作

续表

项目成分	项目成功的标准	项目逻辑应用的效果
项目执行和管理	可以获得相关的、可信任的和有用的绩效数据	把管理的焦点集中于最重要的结果和过程之间的联系
评价，交流	与使用者的评价结果比较一致	向利益相关者提供项目设计、过程和评价的参与途径
提供资金	评价结果能为获得资金提供依据	帮助建立起绩效预算

（三）逻辑分析法的一般组成

1. 基本的逻辑分析法

基本逻辑分析法是一种分析项目输入、过程和预期结果（通常是短期、中期和长期）之间关系的系统方法。基本逻辑分析方法是投入产出分析方法的核心部分。

基本逻辑分析是对项目过程的描述，使用文字或图片来描述项目过程及其与预期结果的关系。

根据投入和产出的内容，公共事务可以分为投入、项目活动、产出、结果和影响五个部分。

一般地说，从产出到结果，必须考虑两个要素：（1）时间要素；（2）客户、使用者和其他相关利益者的活动。

2. 绩效逻辑分析法

绩效逻辑分析法，顾名思义，即将绩效管理理论与基本逻辑分析方法结合而形成的分析方法。绩效逻辑分析法将投入、产出、效果等过程总结为内部控制及外部影响两个部分。

（四）如何理解逻辑分析法

逻辑分析法描述了随着时间变化，一个项目从规划到期望结束的进程。因此，逻辑分析法的实现过程是，遵循逻辑推理的顺序，把项目的各个部分联系起来，获得绩效目标。

应用逻辑分析法时，需要注意的问题是，由于并非通过逻辑分析而得出的绩效目标指标都是可以测定的。在许多情况下，由于这些指标难以通过外部观察来测定，因而致使实际上的政府绩效管理方案变得难以实施。在这种情况下，我们可能要应用重要性原则，对绩效目标指标进行修正。

重要性原则是指未必所有的绩效目标都必须指标化，而是绩效目标只需覆盖所需测定对象的80%的目标，这时的指标就足够了。这就是说，在无法用某些可测定指标来描述财政拨款对象（如某一政府职能）的绩效时，我们可以按照这一原则，找出某些具有可测定性特点的替代指标，或者用若干项指标来描述这一绩效目标。

（五）逻辑分析法应用案例

1. 逻辑分析框架

由于在实际应用中的复杂情况，建立逻辑分析法一般也有不同的步骤，但有一点是相同的，就是“首先关注结果”。许多逻辑分析法都有详细的短期和长期的结果，并用来预测若干年后获得的成功。

在设计项目时，首先详细说明期望达到的结果，这样为数据收集指明了方向，以及项目朝着辨认目标前进的同时，可以进行周期性的评价。因此，在规划时首先关注“期望的结果”。逻辑分析一般有以下步骤（见图4-2）。

（1）阐明项目的基本理论。在这个阶段，需要说明项目所要解决的问题和期望的结果，以及受影响的因素、假设等。

（2）论证项目过程。在第二阶段，根据实际情况来预测具体的产出、结果、影响、需要的资源等。

（3）根据以上阶段的问题，提出评价问题和建立评价指标体系。

（4）应用评价信息建立周期性的绩效预算建议和改进提高组织执行项目的绩效。

以下，我们以具体的例子来说明逻辑分析法的具体应用。

【案例1】美国某一社区政府由于商业的萧条、当地工厂的倒闭，不能提供有效的医疗保险，年龄在40~45岁、未参加保险工人数量不断增加。由于医院财政困难，为了满足这个地区人力和财务需求，一个可达到的、免费的医疗机构必须建立起来，为该社区未参加保险的居民提供健康医疗和健康教育。

阐明项目理论：
1.问题或结果叙述：描述项目尝试要解决的问题或要强调的结果。
2.期望的结果(产出、结果和影响)：辨认期望的结果，或未来的理想，描述近期和远期要达到的目标。
3.受影响的因素：列出会影响你的群体的变化的因素。
4.战略：列出一般成功的战略或最好的实践，那些已经帮助和你类似群体获得期望成功的结果。
5.假设：叙述你的群体中改变战略如何起作用和为什么起作用背后的假设。

↓

论证项目的过程：
1.产出：为每一个活动，辨认你希望产生的产出。
2.结果：辨认每个活动,你期望获得的短期和长期结果。
3.影响：描述7～10年后,你的活动期望会产生的结果。
4.活动：描述每一项活动。
5.资源：描述你可得到支持你项目活动的资源。

↓

项目评价问题和指标：
1.焦点范围：从项目理论逻辑模型出发，列出项目最重要方面的组成部分。
2.相关利益者：辨认每个领域的相关利益者，谁对你的项目有兴趣。
3.问题：对每类相关利益者和领域，列出他们可能的相关问题。
4.信息使用：对每个观众和辨认的问题，辨认出他们可能使用评价信息的方式。
5.指标：描述收集到的信息，这些可能显示项目的绩效以及每个问题的解决情况。
6.技术支持：显示组织评价的结果程度和指标相关的数据专业化管理、收集和分析。

↓

利用绩效信息：
1.建立周期性的绩效预算建议：根据评价结果和期望效果比较，结合其他具体的拨款情况，根据预定的标准建立绩效预算建议，对财政支出者来说就可以建立绩效预算。
2.学习和提高：利用绩效信息发现存在的问题，进行改进和提高组织执行项目的绩效。

图 4-2　支出项目的逻辑分析框架[①]

按以上分析框架，将这一案例中的有关要求和情况，转化为表 4-2。

① 马国贤．政府绩效管理[M]．上海：复旦大学出版社，2005.

表 4-2 对社区未参加保险的居民提供健康医疗和健康教育的绩效分析

投入资源	活动	短期结果	短期和长期结果	影响
为完成活动我们需要以下投入	为了得到理想的结果我们要完成下列活动	一旦完成前面的活动，我们希望看到下面产品和服务	我们期望在完成前面的活动后，在 1~3 年或 4~6 年后有以下的变化	我们期望在完成前面的活动后，在 7~10 年后有以下的变化
1. 捐赠的诊所场所 2. 第一年的拨款额 3. 诊所设备和工具 4. 管理人员、员工、医生、护士志愿者等人力投入 5. 诊所预算	1. 寻找管理员 2. 设计和执行基金战略 3. 设计和执行志愿者招募和培训 4. 诊所设备的安全保护 5. 建立评价计划 6. 设计和执行提供免费医疗服务计划	1. 每年有多少病人从医院转诊到免费诊所 2. 每年有多少合格病人到诊所注册 3. 每年有多少病人来诊所就诊 4. 诊所每年有多少医生志愿者提供服务 5. 每月诊所接到多少电话来询问就诊的问题 6. 每年发了多少诊所传单	1. 病人对医疗服务态度的改变 2. 每年预定体格检查的变化情况，为参加保险的居民提高健康 3. 从医院转来诊所的门诊量大量增加 4. 原来医院未偿付的急诊费用总量降低	1. 病人提供 20% 的诊所运营成本 2. 每年未参加保险居民在医院就诊的减少 25% 3.5 年内病人的满意度提高到 90% 4. 每年 900 名病人得到提供的服务

2. 项目的论证过程

该项目的论证过程可以分为问题描述、社会需求、期望结果、影响因素、战略、假设 6 个方面，如图 4-3 所示。当然，是否需要设那么多的方面，应当视项目的实际需要。

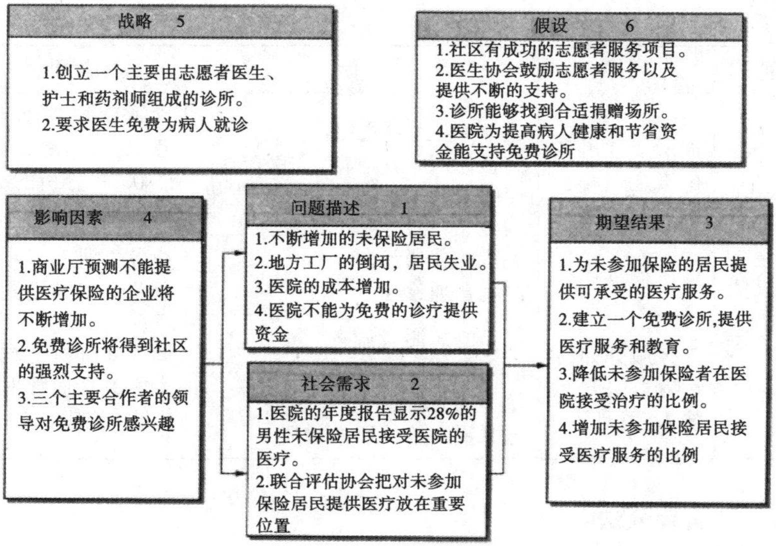

图 4-3 项目论证过程[①]

3. 提出绩效评价指标

根据上述分析，将该项目的投入—产出—结果分析的绩效指标整理为表 4-3。

表 4-3 项目评价的问题提出和评价指标

焦点范围	问题	指标	技术援助需求
相关结果指标	志愿者和病人是否满意诊所	病人满意度调查 志愿者满意度调查	无论何处的病人满意度调查 无论何处的志愿者满意度调查
	我们是否接待了目标客户	诊所接待病人中，未参加保险病人所占百分比；接待的未参加保险病人占该地未参加保险人数的比率 每年合格的诊所病人占总病人的比率	来自商业议事厅的报告 建立病人数据库
	病人如何找到诊所	每年电话转诊介绍的记录量 电话转诊病人接受量	电话记录数据库 无论何处的病人接受记录

① 马国贤．政府绩效管理 [M]. 上海：复旦大学出版社，2005.

续表

焦点范围	问题	指标	技术援助需求
投入指标	诊所节省了多少资金	成本/就诊量之比 免费诊所未建立前，在医院医疗的未参加保险者的费用支出	预算数据，病人服务记录，追踪数据库软件，分析的战略指导
	诊所提供什么	大量的普通诊断 医院普通诊断	业务手册 医院员工的投入
	支援服务如何影响医生、护士、病人、管理者	每年的志愿者调查 病人满意度调查 每年的志愿者人数 志愿捐赠给诊所的物质	调查和分析工具 志愿者管理数据库 捐赠数据库

二、平衡计分法

（一）平衡计分法的原理

1. 平衡计分卡的概念

“平衡”就是指对绩效的全方位考察，而不是集中在一两项指标上。“计分”是指通过每项指标的权值设定、目标要求与实际的实现，来逐项计分，评价结果是最终统计出的全部分值。在这一体系中，虽然每项指标占一定分值，但又通过多项指标而被淡化，这就改变了传统管理的“一俊遮百丑”的片面性缺陷。

2. 平衡计分法在企业中的应用

首先应用平衡计分法的是跨国公司，随着跨国公司的应用，进而介绍到了世界各国。目前，它主要的应用领域如下。

（1）作为对企业和经营者绩效评价的工具

可以说，西方企业绩效管理的推行，与平衡计分法的成功应用有关。它是对企业和经营者绩效评价的工具。这一点与平衡计分法的内容有关。

①基于分析公司的业务现状，确定公司的战略重点。

②从四个角度（财务、客户、流程和学习/成长）设定符合战略重点的战略绩效目标，并建立起各自的绩效指标。

③分析绩效目标间的相关性及其连接，减少指标设置上的重复。

④在组织内传达战略并把绩效目标逐级落实到组织内各级单位甚至个人。

⑤对目标值的结果进行跟踪和分析，根据分析结果及时调整战略、目标和目标值，再重复上述流程。

首先，它将企业的各种经营目标变成了可以测定的指标。例如，传统管理中无法衡量的产品和服务质量，不再只是简单地表现为某种检验标准，而是进一步通过对用户的满意程度、产品返修率等统计指标，加以反映。这样，通过这一体系，将企业发展中的短期利益和长期利益有机地结合起来，从而成为考核和评价企业管理人员经营业绩的基本标准。

其次，应用于企业内部管理。传统的企业管理是以事为中心的，人依附于事，例如，在教科书中，我们将企业管理分为战略目标管理、人事管理、财务管理、生产过程管理、物流管理等，显然，这种管理模式本身就说明，人事管理是附属于业务管理的。而整个管理系统的各个管理环节都是按过程的要求来设定的。

平衡计分法既是一种结果导向管理的工具，也可以看作是联系过程管理与结果管理的桥梁。在企业内部，平衡计分法广泛地应用于对员工的绩效评价上。就是说，企业可以通过绩效评价，将每个员工的工作、学习成长、人际关系等业绩纳入企业管理体系，这样，通过评价，找到了衡量每个员工在企业中的价值和地位的“尺子”，从而实现了企业管理由以事为中心的模式向以人为中心的模式的转变。

【案例 2】某商业公司的平衡计分卡的岗位及管理目标

这是某一商业公司在实行绩效管理时，采用的平衡计分卡，它按不同的岗位设定绩效目标及确定绩效目标的考核标准(表 4-4 至表 4-7)。

表 4-4　业务部经理岗位的绩效目标指标

工作目标	考核标准
部门目标销售额：500 万元 其中，门市部销售和补货销售完成 300 万元，业务部完成 200 万元(补货和销售的份额应基本各占 50%)	最低完成率 85%，即 425 万元
每月的员工人均正常出勤率	不低于 94%，即 23 天

续表

工作目标	考核标准
每年发展的新客户	不少于 20 家
资金的周转率	不少于 8
应付账款金额	每月不超过 20 万元，全年不超过 50 万元
老客户关系的维护	每月不少于 5 家，并载入工作记录
协助其他部门工作	其他部门（除业务部）的投诉每月不超过 1 次
全年的产品或工作创新意见	不少于 3 条（采纳 1 条即可获得 5 分加分）

表 4-5　业务部副经理岗位的绩效目标指标

工作目标	考核标准
门市的销售额：300 万元	最低完成率 85%，即 255 万元
门市样品的丢失率和损耗率（按实际货值计算，自然损耗除外）	一年不超过 3000 元
客户在前台的等待时间	不超过 2 分钟
打入电话的等待铃声	振铃不超过 3 声
老客户关系的维护	每月不少于 5 家，并载入工作记录
门市样品的整洁和标签齐全清晰	总经理和业务经理两位领导均认证满意
每月的员工人均正常出勤率	不低于 94%，即 23 天
协助其他部门工作	其他部门（除业务部）的投诉每月不超过 1 次
向业务移交客户资料的完整性	全年业务部投诉不超过 3 次
门市接待的客户投诉率	全年不超过 4 次
全年的产品或工作创新意见	不少于 3 条（采纳 1 条即可获得 5 分加分）

表 4-6　门市营业员岗位的绩效目标指标

工作目标	考核标准
门市的销售额：300 万元	最低完成率 85%，即 255 万元
门市样品的丢失率和损耗率（按实际货值计算，自然损耗除外）	一年不超过 3000 元
客户在前台的等待时间	不超过 2 分钟
打入电话的等待铃声	振铃不超过 3 声
老客户关系的维护	每月不少于 2 家，并载入工作记录

续表

工作目标	考核标准
门市样品的整洁和标签齐全清晰	总经理和业务经理两位领导均认证满意
每月的员工人均正常出勤率	不低于 94%，即 23 天
协助其他部门工作	其他部门（除业务部）的投诉每月不超过 1 次
向业务移交客户资料的完整性	全年业务部投诉不超过 3 次
门市接待的客户投诉率	全年不超过 3 次
每月 4 小时的员工培训	每月 4 小时（病、事假除外）
全年的产品或工作创新意见	不少于 2 条（采纳 1 条即可获得 3 分加分）

表 4–7　业务员岗位的绩效目标指标

工作目标	考核标准
销售额：5 万元 / 月	最低完成率 85%，即 4.25 万元
合同收款率 92%	应收款一年不超过 5 万元，每季度累计总额不超出 6 万元，并有未收回的理由记录
每周拜访的客户	不少于 5 个
工作的周计划和日志	应该完整，没有漏记现象
每月 4 小时的员工培训	每月 4 小时（病、事假除外）
正常出勤率	不低于 94%，即 23 天
公司其他部门的投诉（确因本人原因）	每月不超过 1 次
客户投诉率	全年不超过 3 次
全年的产品或工作创新意见	不少于 2 条（采纳 1 条即可获得 3 分加分）

虽然该公司的绩效指标并不一定全面，但在管理中已经显示出明显优势，例如，2020 年第一季度实施以来，利润较同期增长了 12%，合同的签约率有了提高，内部职工之间团结有了改善，这些都显示了在企业绩效管理中，平衡计分法有着广阔的应用前景。

（2）作为实施战略目标的工具

平衡计分法同时也是一个战略实施的工具，它将组织的战略目标的实施结果落实到可操作的目标、衡量指标和目标值上。它能使企业有效地跟踪财务目标，同时关注能力的进展，并开发对未来成长有利的无形资产。它促使高层管理人员关注发展目标的达成，如企业的长远发展目标，包括当年的新产品开发和研制费用拨款与效果、新的技术成果引进及其效果、新市场的开拓等，并对此做出客观、科学的评价。

（二）平衡计分法的应用

1. 平衡计分法在西方政府管理中的应用——以美国为例

20 世纪 90 年代，美国联邦采购执行委员会组建了绩效管理行动小组，对联邦采购体系进行评估，选择平衡计分法实施战略指导、沟通目标绩效、衡量目标价值的实现。工作人员编制了绩效管理理论指标，建立了本项目所有政府采购机构的核心绩效指标体系（见表 4–8）。

表 4–8　美国政府采购部门的平衡计分法

目标	绩效指标
一、客户角度	
客户满意度	* 客户对及时反应的满意度
	* 客户对质量的满意度
有效的服务	* 客户对采购办事处的响应速度、合作和沟通技巧的满意度
二、财务角度	
行政成本最小化	* 成本花费比例
最大化节省合同成本	* 尽量避免使用采购卡的成本
	* 及时付账利息 / 所有花费的百分比
三、管理过程角度	
高质采购	
* 有效的质量控制系统	* 国家总审计局（GAO）和首席财政官法案（COFC）通过的议案比例
* 有效的使用备选的采购方法	* 电子商务的使用次数
履行国家政策的目标	* 经济指标实现率
	* 竞价式采购 / 所有采购比例
四、学习 / 成长角度	
战略决策制定信息的可供应性	* 可靠管理信息的范围

续表

目标	绩效指标
员工队伍的质量	* 员工满足质量标准的百分比
员工满意度	
* 工作环境的质量	* 员工对工作环境的满意度
* 经理人的领导能力	* 员工对专业、文化、价值和授权的满意度

通过平衡计分卡正确有效使用,联邦采购体系实现了组织文化、流程等方面的历史性的变革,各政府机构开始将关注的重点从“花了多少钱”上转移到“做了什么工作”上。这些政府机构通过一起分享绩效结果,对行动计划进行适宜的改变,从而保证了最终目标的实现,同时还避免了资源浪费和不当使用。

2. 平衡计分法在我国的应用

长时间以来,各地方政府都深受人员冗多、经费膨胀,管理效率低下,财政支出“缺位”“越位”现象并存等问题的困扰。面对这一情况,将政府的职能回归到公共服务提供者地位上,牢固树立“人民至上”的服务意识,重视管理活动的支出与效果,增强对人民群众需求的回应力,是建设廉洁高效政府的必然要求。可以说,绩效管理是促使政府职能转变的有效措施。

平衡计分法的使用为我国政府改革提供了新的发展思路。通过运用这一方法,能够使政府反思自身行为,促使其以使命、宗旨和战略重点为出发点,通过全面的、包含各个角度的衡量指标来达到最终目标,并对达到目标的方法进行思考。政府一旦想清楚这些方面,则可以解决新时代政府在管理过程中遇到的问题,还能够促进自身管理方式、管理理念、管理能力等的提升,以迎接新的发展机遇。

总之,平衡计分法在我国政府绩效管理中的应用大致表现如下。

(1)应用平衡计分法建立绩效目标指标体系

与逻辑分析法提供政府部门绩效分析方法、确定绩效目标不同,平衡计分法的作用在于帮助建立绩效目标指标体系。通常情况下,平衡计分法从客户、财务、管理过程、学习 / 成长 4 个方面,或者投入—产出—结果 3 个方面来建立完整的绩效目标指标体系。正因为这样,平衡计分法被普遍应用于政府预算绩效管理评价中。

（2）应用平衡计分法有利于机关内部绩效管理和公务员队伍建设

尽管政府部门的管理和企业管理有很多相通的地方，但是因为二者的职能不同、地位不同、运行目的不同，所以在管理方面还是有较为明显差异的。除此之外，政府管理中上级领导与下级公务员的关系和企业中领导与员工的关系完全不同，要处理好这些关系，就需要运用正确的方法，而平衡计分法就不失为一个很好的选择。

第一，应用平衡计分法，绩效目标能被分解落实到各相关部门。在我国的政府机构，各公共部门的管理中呈现出多目标的特征，并且最终以公务员为服务者，由层级组织来依次落实，因此，整个政府机关的行为对公共服务质量具有非常大的影响。平衡计分法既能够用在政府绩效目标分解落实上，又能够和人事制度相结合，成为评价公务员行为的有效方法，所以，平衡计分法在政府绩效管理中具有不可替代的重要作用。

第二，应用平衡计分法，能对公务员业绩进行客观公正的评价。一般而言，公务员的工作分为两部分：对外服务、对内服务。领导作为政府机构内部人员，其更易于看到公务员在政府内的工作表现，而对其对外服务状况缺乏了解。公共服务质量则是其对外服务质量最显著的说明。但无论是对内工作表现的优劣，还是对外服务质量的高低，都只是感觉上的评价，具有片面性，也因此很多公务员失去了提升、受重用的机会。这就迫切需要一定的评价指标来体现公务员的对外服务质量。

平衡计分法的出现提供了一种有效评价公务员工作情况的方法，通过对业绩和效果进行评价，一些优秀的公务员脱颖而出，而那些不具备"真材实料"的、"滥竽充数"的人则会现出原形。因此，平衡计分法可以被应用于公务员队伍建设中。

（3）应用平衡计分法评价政府的战略决策效果

小到地区经济，大到国家和社会发展，战略决策都具有十分重要的作用。就国家层面而言，正确的、优秀的战略决策能够使一国百姓受益，甚至是下一代也受益；而一项错误的战略决策则会造成十分严重的后果。就我国来说，改革开放就是一项能够福泽几代人的伟大战略决策。因此，怎样对政府的战略决策做出评价，如何及时准确地评估战略决策的投入后果，而不是等实践证明该项战略决策是错误的并且付出了惨痛代价后再去对其进行纠正，这是世界性的难题。

现实生活中，大多数情况下采用绩效分析、调查访问、场景辩论等方式来对决策的可行性进行评价，而应用平衡计分法就是试图通过战略决策的各种要素建立的目标模式，以及这一决策能够在多大程度上满足这些要素来评价政府的战略决策效果的。尽管纵观国内外平衡计分法的应用实例，大多数情况下该方法被应用于私人部门的战略决策方面，但是可以预料到，在不久的将来，随着政府绩效管理的改革，平衡计分法也将广泛应用于政府战略决策领域。

3. 平衡计分法的限制和完善

我们也注意到，平衡计分法的引入是个复杂的过程，因而存在一定的限制条件。

（1）平衡计分法的使用以存在明确的绩效目标为前提，并且这些绩效目标能够转化成具体、可测定的指标。在这样的前提之下，通过政府内部各部门的沟通和联系，将绩效目标传达给每一位公务员。政府机构还要请专业人员来开展关于在政府预算绩效管理方面使用平衡计分法的知识，发展涉及各个方面的战略性议题目标，设立各部门及个人的绩效目标和评价指标，制定出政府整体平衡计分的方法以及相关管理报表，并且建立激励机制，对表现好的个人和部门予以奖励，对表现差的个人和部门进行惩罚。接下来还需要进行组织规划，主要内容涵盖创建各个目标的目标值，决定分配资源的措施，制订出实现绩效目标的计划。再接下来是反馈和学习阶段，内容涵盖提供战略性回馈信息等。

要想顺利地完成以上过程，离不开政府领导和广大公务员群体的配合以及对绩效管理知识的认识与运用，当然也离不开对平衡计分法相关知识的掌握。

（2）企业的所有经营活动都是为利润服务的，目的就是实现收益和利润增长，而政府作为公共服务的提供者，其目的是尽力满足人民群众的需求，为广大人民群众提供高质量、高水平的公共服务。而要想达到这些目标，往往需要长期的规划与努力，如脱贫、降低失学率，等等。如果运用平衡计分法，测定标准则会不够明确，为了解决这一问题，西方国家的政府在运用这一方法时，将其服务对象置于最突出的位置，政府绩效管理的所有活动都围绕着服务对象进行，以服务对象的需求为导向，始终强调政府是公共服务的提供者。

（3）在建立平衡计分法管理系统的初期，会由于各个绩效指标的测量周期不一致或缺乏资料统计流程，导致组织一时无法计算平衡计分法的分值。对此,大多数人的意见可能是:“如果欠缺我们所要的衡量指标的资料,何不直接采用有现成资料的衡量指标?”

其实,这是错误的想法。计分卡若经过详尽的设计,每一项衡量指标都代表了关键的战略绩效。如果某项衡量指标的资料目前不存在,很可能是因为某项关键的管理流程尚未被妥善地执行,然而,此管理流程的开发将开启重要的新篇章。因此,在这种情况下,必须耐心地、按部就班地建立新流程,以取得这些欠缺的衡量指标的数字。

三、样本基准法

(一)私人部门中的样本基准法

1. 样本基准法的概念

简单地说,样本基准法是指通过对样本的模仿,来建立绩效评价指标体系和参照指标的方法。目前,国外对样本基准法有多种定义,这既说明了这一方法应用的广泛性,也说明了它尚未定型,而仍然处在探讨之中。

被称为标杆的一种质量创新活动——样本基准法,通常被定义为“对实现卓越绩效的最佳实践之追求”(康普,Camp)。

样本基准法就是严格地将自己公司的业绩和业内最佳公司进行比较,进而通过分析来赶超业内最佳公司的过程(Kaiser 协会)。

样本基准法是指一种卓越或成功的标准,类似的事物必须以此为基准进行度量和判断(萨姆·布克哈特)。

样本基准法就是要寻找能够带来超常业绩的行业最佳做法(罗伯特·C. 坎普)。

本书认为,样本基准法是指以最佳管理目标为标杆,并经过不断的寻求和改造,成为适合自己组织的,以获得卓越绩效的指标为目的的绩效分析和绩效评价方法。而样本就是用来评价或衡量某个组织、部门、业务单位等的行业先进的绩效目标指标,它可以用于衡量经营、投资等活动效果,也可以衡量决策效果。样本基准法不仅仅是上述的信息过程和评估过程,还是涉及规划和组织实施的过程。

2. 样本基准法的分类

在 20 世纪 90 年代，样本基准法在私人部门得到了很大的发展，已经应用于不同类型的私人部门和组织内部，并产生了巨大的影响。样本基准法的方法越来越丰富，目前主要有：从管理的层次上分为战略样本基准法和绩效样本基准法；从内容上分为职能样本基准法和流程标杆管理；从对象上分为竞争性样本基准法或外部样本基准法和内部样本基准法等（见表 4-9）。

表 4-9　几种样本基准法的总结

划分依据	方法	特点
按层次	战略样本基准法	寻找适合自身的战略，收集竞争者的各方面信息，寻求高绩效公司的成功战略和优胜竞争模式
	绩效样本基准法	注重具体产品或服务价值、质量、价值等重要绩效指标
按内容	职能样本基准法	以优秀职能操作为基准进行的样本基准法。以职能或业务实践为对象，通过合作的方式提供和分享技术信息
	流程标杆管理	以最佳工作流程为基准进行的样本基准法。以工作流程为对象，要求公司按照样本基准法的步骤对流程进行重组
按基准对象	竞争样本基准法	以竞争对象（外部）为基准的样本基准法
	内部样本基准法	以企业内部操作为基准的样本基准法

3. 样本基准法的实施步骤

样本基准法的实施方法，目前还没有统一的标准。实施的组织一般都是根据自己的特点，结合绩效提高方向、组织的文化特点、希望成功的地方等来实施。

样本基准法的倡导者罗伯特·C. 坎普将这一活动划分为 5 个阶段，每阶段有 2 到 3 个步骤。

（1）计划：确认对哪个流程进行样本基准法，确定用于作比较的公司，决定收集资料的方法并收集资料。

（2）分析：确定自己目前的做法与最好的做法之间的绩效差异，拟定未来的绩效水准。

（3）整合：就样本基准法过程中的发现进行交流并获得认同，确立部门目标。

（4）行动：制订行动计划，实施明确的行动并监测进展情况。

（5）完成：处于领先地位，全面整合各种活动，重新调整标杆。

美国战略规划协会（Strategic Planning Institute，SPI）的样本基准法委员会创立了一个非常简单的样本基准法流程。把样本基准法模型简单地归纳为5步流程（见表4-10）。

表4-10 美国战略规划协会的样本基准法模型

步骤	内容
1	发起
2	组织
3	考察
4	消化
5	行动

SPI模型给我们提供了一个设计样本基准法流程的简单易学的模版，它使用宽泛的用语，因此，任何样本基准法流程都能够对应到这5个阶段当中。

摩托罗拉公司则将它分为以下5步（见表4-11）。

表4-11 摩托罗拉的5步样本基准法流程

步骤	内容
1	决定对什么进行样本基准法
2	找到可以作为标杆的公司
3	收集数据
4	分析数据，并把结果引入计划行动中
5	调整流程并循环

百时美（Bristol-Myers）、百特国际（Baxter，International）等则使用7步法（见表4-12）。

表 4-12 百时美等公司的 7 步样本基准法流程

步骤	内容
1	决定对哪些职能部门进行样本基准法
2	确定需要度量的关键绩效变量
3	确定绩效最佳的公司
4	度量上述公司的绩效
5	度量自己公司的绩效
6	找出能够赶上并超过他们的方法
7	实施并监督结果

美国电报电话公司将样本基准法分为 9 步(见表 4-13)。

表 4-13 美国电报电话公司的 9 步样本基准法流程

步骤	内容
1	确定对项目进行样本基准法
2	开发样本基准法计划
3	选择数据收集方法
4	收集数据
5	选择业内最佳公司
6	实地考察收集数据
7	对比流程,确定差距,提出建议
8	实施改进建议
9	重新调整标杆

(二)样本基准法在公共部门中的应用

在私人部门,提高绩效的动力来自市场竞争,低绩效组织将会被市场淘汰,但大多数公共部门是在非竞争的环境下运行,因此没有压力。为此,政府改革的重要做法是将私人部门提高绩效的竞争引进到公共部门。

英国中央政府改进绩效的重要途径有:(1)公共服务的市场化。中央政府和地方政府将一些公共服务项目,通过招标转由私人部门提供,(2)通过绩效评价,确定各组织、机构的绩效,应用样本基准法强制进行绩效对比,促进部门改善管理。

1. 公共部门应用样本基准法的案例

【案例3】美国西雅图 King 县公共健康部门的艾滋病防治项目

该部门在设计艾滋病防治项目时，希望控制昂贵的医疗费用，同时提供满意的艾滋病防治服务。该县从样本基准法对象中来吸取经验和教训，研究和该县人口结构类似的兄弟城市——旧金山市在这方面的绩效，然后结合自身特点进行了一系列的调整。通过对艾滋病防治项目的样本基准分析和绩效评价，成功地使该县在昂贵的艾滋病护理费用方面保持全国平均水平之下，并有效地控制住了艾滋病治疗费用中最昂贵的药品价格部分，与此同时，仍能够为受艾滋病感染的市民提供优质的必要服务。

【案例4】美国和加拿大市政当局的绩效管理

美国市政当局更喜欢根据内部的绩效标准来制定他们的绩效基准，而不是外部标准。在所有使用绩效评价系统的城市中，有 91% 的城市采用比较目前的绩效与以前的绩效而说明成长，而 81% 的城市选择了用绩效目标的计划来评价当前绩效的做法。但在美国，也有相当数量的城市也采用与同类城市或国际先进的标准来评价市政管理绩效（见表4-14）。

表 4-14　城市政府管理中的绩效样本举例

1. 市民满意度调查	市政管理、城市人居环境、官员服务态度
	……
2. 警察服务	Call for service（反应速度）, minutes
	Operating cost per officer（警员平均单位花费）
	Equipment cost per officer（警员平均设备支出）
	%.of vehicles in operation（警车数及在工作状态的比例）
	Patrol availability（可参与巡视的警力）
	No.of arrests made（逮捕数）
	Type of crimes（犯罪类型）
	No.of complaints（群众抱怨数）
	Officer education（警员教育水平）
	Crime rate（城市犯罪率）

续表

3. 人事管理	接受和处理申请数和完成雇工平均天数
	广告数与广告渠道
	工资与业绩挂钩情况
	听取员工抱怨
	员工培训考核
	……
4. 城市交通	公共汽车起始时间、路段和班次数量
	每一路段和时间段的乘客英里数
	发车到车正点和误点状况
	……
5. 水质管理	水中各种化学元素在不同温度下的含量及达标水平
	单位水的价格
	群众用水满意度

在上述案例中，有的地方采用更加简化的绩效管理模式。例如，他们将警察的支出与人口联系起来，然后计算出万人的警察服务成本，并将相应的质量指标，包括发案率、破案率和群众满意率等指标作为绩效评价对象（标杆），而这些指标的确定依据可能来自其他州，或来自相近城市，从而将警察人数、警车配备等问题交给警察局自行确定。

2. 公共部门样本基准法步骤构成

公共部门实施样本基准法的一般步骤如下。

第一，确定样本基准法的绩效管理内容；第二，确定样本对象；第三，收集内部数据；第四，收集外部数据；第五，进行“差距分析”；第六，制定行动计划来缩小差距；第七，执行改进绩效计划和监控结果；第八，重新调整基准对象。

样本基准法在公共部门的方法都非常相似，只是不同步骤体现的详细情况有所不同罢了。有些基本步骤是必需的。表 4-15 总结了西方一些学者应用样本基准法于市政部门绩效管理的步骤。

表 4-15 一些学者应用样本基准法在市政部门的实施步骤

康普 1995	亨特 1993	夏夫乐西 1993	波根 1994	布鲁得 1994	威廉姆斯 1994	阿蒙斯 1996	柯伊雷 1997
确定样本基准法对象	确定样本是什么，标杆是什么	样本基准法要素的选择	项目规划与自身流程了解	样本基准法怎么确定测量标准		选择部门确定标准	决定目标与范围，了解自身流程
确定样本基准法合作伙伴				挑选第一流的合作者			调查潜在的合作者
调查研究的计划与实施	样本基准法如何达成	数据收集	数据收集	测量第一流的合作者	定义基线收集数据	设计测量标准核查数据	设置测量标准，获取内部以及合作者数据
决定竞争性差距		数据分析	分析	测量自身绩效并确定差距	分析数据	保证分析	差距分析
未来绩效规划							

第三节 预算绩效评价的流程

一、前期准备

（一）制订绩效评价工作计划

（1）财政部门制订绩效评价工作计划和要求，并将工作计划和要求下发至预算主管部门和预算部门（单位）。

（2）依据年度工作计划和要求，由财政部门联合预算主管部门、预算部门（单位）确定绩效评价范围。

①项目支出绩效评价由预算部门（单位）根据工作计划和要求，确定部门（单位）组织开展的重点评价和自评价的项目范围，并向财政部

门上报年度绩效评价计划,由财政部门和预算主管部门确定年度重点绩效评价项目并下达至预算部门(单位);②政策绩效评价是由财政部门和预算主管部门根据本年度政策绩效评价工作计划和要求,选择开展政策绩效评价的对象;③部门整体支出绩效评价则是由财政部门确定年度重点评价的对象并下达至预算主管部门。预算部门(单位)根据工作计划和要求并结合本部门(单位)工作实际,确定部门(单位)组织开展整体支出绩效评价的范围,并向财政部门上报年度绩效评价计划。

(3)绩效评价工作可由部门(单位)自行开展,也可由财政或预算主管部门通过政府采购选择合适的第三方评价机构实施。如委托第三方机构开展绩效评价,还需通过政府采购确定第三方评价机构。

(4)制定、下发绩效评价通知,确定评价目的、内容、任务、依据、评价时间及要求等方面的情况,对第三方评价机构或预算部门(单位)相关人员开展绩效评价业务培训。

(二)启动绩效评价工作

绩效评价工作的实施方(或委托的第三方评价机构)收到绩效评价通知,组织评价工作组参与培训,启动绩效评价工作。

二、评价实施

(一)前期调研

1. 前期沟通

通过和相关部门沟通,绩效评价工作组充分了解被评价对象,明确评价目标、识别重要评价事项和履行评价责任。绩效评价前期沟通流程具体如下。

(1)项目支出绩效评价

①制定文件需求清单。绩效评价工作组根据一般项目支出绩效评价工作要求,编制文件需求清单,并将需求清单提前发至相关单位,各单位按照清单上列明的文件内容准备相关资料。

②了解项目基本情况。绩效评价工作组主要是与预算部门(单位)沟通,了解项目立项背景及发展规划、项目实施内容、项目预算及支出情况、项目相关保障制度、绩效目标的制定及实现情况等内容。

（2）政策绩效评价

①制定政策绩效评价基本情况表。绩效评价工作组和预算部门（单位）沟通，了解政策制定的背景及实施途径，确定政策实施的总目标和分类目标，以及相关配套管理办法的制定和预算资金安排情况等内容，完成《政策绩效评价对象基本情况表》编制。

②梳理政策的绩效目标。政策绩效目标按照项目支出绩效目标的编制要求开展，根据政策的总目标，结合对政策基本内容和要素的梳理，提炼、归纳专项政策的具体绩效目标。

③分解政策实施项目活动。通过对政策的执行了解，依据政策确定的目标和管理要求，并结合政策绩效评价的特点和重点，分解政策在制定、执行、实现和效果等环节的内容，包括政策制定、组织管理、资金情况、执行监督、信息公开、政策产出和政策效果。

（3）部门整体绩效评价

①确认当年度部门整体的绩效目标。绩效评价工作组梳理、复核，并与预算部门（单位）确认部门战略目标、部门中长期工作规划、各条线工作任务及要求，确认年度工作计划与战略目标、中长期规划及各条线工作要求的关联程度。

②梳理部门（单位）内部管理制度及存量资源。绩效评价工作组与预算部门（单位）沟通，获取部门内部管理制度、部门（单位）内部资产、部门（单位）职工数量等资料，分类整理总结部门（单位）的内部管理制度及存量资源变动情况。

③确定当年度整体绩效评价重点。绩效评价工作组与预算部门（单位）沟通，了解部门（单位）年度工作计划，确定部门（单位）的工作重点、具体工作内容、进度完成安排等，并围绕部门（单位）职责的履行情况、运行的有效情况、职能的实现程度，确定整体绩效评价重点。

2. 资料获取

评价工作组将需求资料清单告知各相关单位，由各单位根据要求提供相关文件，评价工作组也需结合访谈、问卷调查等方式获取相关资料。

（二）方案制订

评价工作组根据前期沟通了解的评价对象的基本情况，编制评价工作方案。绩效评价工作方案主要包括概况、评价思路及目的、评价指标体系、社会调查方案、评价的组织实施和内控制度 6 部分。

（三）方案定稿

1. 征求项目单位意见

评价方案初稿完成后，发送至项目单位征求意见，结合项目单位的反馈意见，对评价方案进行修改，形成方案评审稿。

2. 方案评审

评价工作组织方组织专家对方案评审稿进行论证，财政部门、预算主管部门、预算部门（单位）和评价工作组一同参与评价方案的评审，重点评审方案的科学性、合理性和可操作性，并出具评审意见。

方案评审关注方案总体结构及文字表述，概况描述是否全面、清晰，评价思路和目的是否明确、准确，评价指标体系是否科学、合理和具有可操作性，具体实施方案安排是否合理，等等，具体如表 4-16 所示。

表 4-16　绩效评价工作方案质量评估样表

<table>
<tr><td>项目名称</td><td></td><td>预算部门</td><td colspan="2"></td></tr>
<tr><td>评价机构</td><td></td><td>评审专家</td><td colspan="2"></td></tr>
<tr><td colspan="3">评审内容</td><td>权重</td><td>得分</td></tr>
<tr><td rowspan="2">总体结构及文字表述</td><td colspan="2">总体结构的完整性和规范性</td><td>4</td><td></td></tr>
<tr><td colspan="2">语言的逻辑性及文字的准确性</td><td>4</td><td></td></tr>
<tr><td rowspan="5">项目概况</td><td colspan="2">项目立项背景、立项目的、立项依据描述的全面性及准确性</td><td>6</td><td></td></tr>
<tr><td colspan="2">项目预算来源、资金安排明细内容、支出标准描述的清晰度和准确性</td><td>8</td><td></td></tr>
<tr><td colspan="2">绩效目标设立依据的充分性和可靠性</td><td>3</td><td></td></tr>
<tr><td colspan="2">项目绩效目标与所立项目的匹配度</td><td>3</td><td></td></tr>
<tr><td colspan="2">项目管理组织架构、业务管理流程、资金拨付流程描述的准确性（含图示）</td><td>7</td><td></td></tr>
</table>

续表

项目名称		预算部门	
评价机构		评审专家	
评审内容		权重	得分
评价思路和目的	项目评价思路是否科学、合理、与项目实际相匹配	5	
	项目评价关注的问题是否清晰、明确	5	
指标体系	指标体系是否修改完善，符合相关文件的规定和要求	8	
	评价指标体系是否符合科学性、合理性、可操作性要求	8	
	绩效评价指标标杆值设置是否符合科学性、合理性要求	9	
项目方案实施	项目数据采集方案是否符合评价需要	8	
	项目实施时间计划、人员安排是否科学、合理	8	
	各类访谈、社会调查、基础数据采集设计是否符合项目实际	6	
其他	附件资料的完整性和可支撑性	8	
总分		100	
具体意见			
评审结论	□同意通过 □修改后通过 □做重大修改后通过 □不通过		
签名		评审日期： 年 月 日	

3. 方案定稿

评价工作组根据评审意见修改绩效评价方案，形成评价工作方案定稿。

（四）调研实施

1. 基础表发放与回收

评价工作组在项目实施过程中应充分根据评价对象基本情况设计用于采集数据的基础表，初步设计完成后，应与预算部门（单位）确认基础表填写的可行性，在项目没有现成数据时，须在实地调研期间由评价工作组进行原始数据采集并做后期处理。同时，评价工作组应注意在主管部门（单位）上报后核实基础数据填报的真实性。

2. 问卷调查

根据社会调查方案对相关对象进行满意度问卷调查，按规定的样本量回收、汇总满意度问卷，筛选有效问卷，并在充分分析的基础上，形成问卷调查报告。

3. 访谈

对绩效评价的相关对象［预算主管部门、预算部门（单位）、受益对象等］开展面对面的访谈工作，对绩效评价对象（项目、政策、部门支出）做更深入的了解，并做好访谈记录，形成访谈报告。

4. 实地核查

（1）数据的核查。在收集基础资料及数据的基础上，需要对数据进行核实和初步分析，各项数据需明确数据来源，对照相应台账记录，确保数据真实准确。

（2）合规性检查。针对项目需要调研检查的内容设计对应的检查表。检查内容主要包括对项目财务管理规范性，项目实施管理规范性，以及与项目实施结果相关的制度规范、文档等。

5. 数据分析

根据整理后的数据和一定的基准衡量指标，广泛运用各种数据分析工具，进行变化分析、归因分析、贡献分析，并完成指标评分、绩效分析、工作底稿、问卷汇总分析和评分结果综合提炼等工作。

（五）报告撰写

评价工作组根据上述评价实施阶段对数据资料采集、分析、处理结果撰写绩效评价报告。绩效评价报告主要内容包含基本情况、绩效评价工作情况、评价结论和绩效分析、主要经验及做法、存在的问题和建议、其他需要说明的问题6部分。

三、评价结果反馈与应用

（一）报告定稿

1. 征求项目单位意见

评价工作组就完成的报告初稿，与项目部门（单位）进行沟通，根据相关部门提出的合理性修改意见进行修改，形成报告评审稿。

2. 报告评审

由评价组织方组织专家对报告进行评审，财政部门、预算主管部门、预算部门（单位）和评价工作组一同参与报告评审。报告重点评审报告结构的规范性和严谨性、报告文字表述的准确性和逻辑性、项目实施情况的完整性和清晰度、预算安排及实际支出情况的全面性和准确性、评价依据的充分性和合理性、绩效分析的逻辑性和充分性、评价结论的客观性和公正性等，具体评审内容（见表 4-17）。

表 4-17　绩效评价报告质量评估样表

项目名称		预算部门	
评价机构		评审专家	
评审内容		权重	得分
报告结构的规范和严谨性	评价报告要素全面性、格式规范性，与相关规定及相关规范相符合	3	
报告文字表述的准确性和逻辑性	文字描述准确、精练、通畅，层次性、逻辑性强	3	
项目立项情况描述的清晰度	项目背景、依据、目的及现状情况等交代清晰、全面、简练；项目所要解决的问题、立项过程归纳描述全面、准确	4	
项目实施情况的完整性	项目实施内容、项目管理制度、组织实施情况描述完整、清晰	5	
预算安排及实际支出情况的全面性和准确性	对项目预算细化反映至子项目活动内容，对预算安排和实际执行应做对比说明，对经常性项目要说明近年来预算安排情况及使用结果	5	
绩效目标归纳的完整性和准确性	绩效目标梳理归纳完整、准确、清晰、量化	5	

续表

项目名称		预算部门		
评价机构		评审专家		
评审内容			权重	得分
指标设置的科学性	指标设置科学、合理,具有可操作性;针对项目特点设置个性化评价指标;指标设置与项目绩效目标紧密相关		15	
	权重设计应体现指标的重要性、导向性,要反映项目绩效的特性		5	
	标杆值设计依据充分,标杆值科学、合理、准确		5	
评价标准依据充分和合理性	评价及评分标准依据充分,标准科学、合理、客观		5	
绩效分析的逻辑性和充分性	评价得分与评价结论之间的逻辑性强,绩效分析深入充分		15	
评价结论的客观性和公正性	评价结论的归纳客观公正,项目绩效反映清晰、完整;围绕评价指标得分情况深入分析绩效问题的原因;相关建议具有操作性和相应的前瞻性		15	
社会调查的科学性	社会调查方案科学,对象合理、方法适当、支撑有效、分析全面		10	
工作底稿的完整性和支撑度	依据底稿完整、准确、符合逻辑性		5	
总分			100	
具体意见	填表人签字:			

3. 报告定稿

评价工作组根据评审意见修改评价报告,最后形成报告定稿。

(二)报告反馈与应用

评价工作完成后,评价组织方对评价结果的反馈及应用等工作按照相关规定处理。目前,评价结果的应用方式主要有以下4个方面:(1)经专家评审后通过的评价报告反馈给预算主管部门和预算部门(单位);(2)预算主管部门、预算部门(单位)依据反馈结果进行整改;(3)按照绩效信息公开的相关要求,公开评价结果,主动接受社会监督;(4)根据绩效管理的要求实施绩效问责。

评价类型不同，其具体结果应用方式也不同，其中项目支出绩效评价结果主要为项目预算调整和项目管理改进提供依据；部门整体支出绩效评价结果主要为部门整体预算调整提供依据；因为政策绩效评价是围绕政策进行的，所以最后的评价结论不能只落在与政策相关的预算绩效管理工作上，而是要以政策的存废、修改、完善等为落脚点。这是政策绩效评价区别于其他绩效评价非常重要的一点。与此同时，政策绩效评价的结果还可以作为政府工作的有效支撑，帮助政府建立更为健全和完善的政策体系，更好地为公众服务。

四、档案管理

（一）梳理资料

预算部门（单位）、财政部门根据绩效评价管理过程中获得的相关信息，对绩效评价方案、评价报告、评审结论、结果应用情况等资料进行梳理。

（二）汇总归档

预算部门（单位）、财政部门将梳理的资料进行汇总归档，做好纸质材料、信息化资料档案管理工作。

第四节　建立完善的预算绩效考评体系

一、建立健全预算绩效评价制度体系

（1）确立预算绩效管理制度，全面实施预算绩效评价。全面管理政府的收支预算，并把这一部分作为预算绩效管理的重要组成部分。在实践中，要注意切勿脱离实际，而要从实际出发，确保与现阶段经济发展水平相适应。就一些重大项目而言，要未雨绸缪，进行全方位周密的计划，制定好事前预算绩效评价机制并采用科学的方法实施。在评价结果出来后，将其当作进行接下来的工作的参照；就一些非重大项目而言，要十分重视事中、事后评价，与此同时，多多关注预算绩效目标的实现

程度以及预算绩效管理的执行进度。

（2）掌握并恰当运用现代信息技术，建立数字化的绩效管理与评价体系。在对“数字财政”的程序进行设计的时候，要首先填写绩效目标，接着才能在项目库建立项目，由此从根源上对预算绩效管理进行把控，并且为后面一系列工作奠定扎实的基础。在“数字化”预算绩效评价体系中，可以设立过程评价频率，从而对各个阶段的预算执行情况以及达成预算目标的程度进行审查监督，最终实现项目全生命周期的“双监控”。

二、建立预算绩效指标库，完善预算绩效指标体系

随着时代的进步和科学技术的飞速发展，人类的各项活动越来越离不开互联网和信息技术。通过运用现代信息技术，建立预算绩效指标库，对一级项目、二级项目、三级项目等绩效指标进行全面完善的设置，从而实现预算绩效评价指标体系的数字化、科学化、信息化，毋庸置疑，政府的预算绩效管理效率也会得到大幅度提高。

三、加强人员培训，加强预算绩效评价意识

当前有相当一部分从事政府预算绩效评价管理的人员并未受过专业培训，他们专业知识储备不够、专业能力有待增强，尚未形成预算绩效评价意识。因此，要建立完善的预算绩效考评体系，需要将加强人员培训作为重点内容，旨在向其传播预算绩效管理方面的知识、提高其职业素养、促进其预算绩效评价意识，最终促进整个预算绩效管理的顺利开展。

四、明确预算绩效目标，构建复合型指标设计与评价体系

预算绩效评价的实施离不开预算绩效目标。政府机构的预算绩效目标一定要明确、可量化。前述平衡计分卡在对绩效进行评价时会参考除财务指标外的顾客服务、内部流程、学习、成长 4 个方面，以此为参照，政府在构建复合型指标体系与评价体系的时候，也可以从这 4 个方面着

手,每个方面设立具体的目标,每个具体的目标下再设清晰明确的绩效子目标。

五、选用适合的绩效评价方法

绩效评价方法的选择在绩效评价过程中具有十分重要的作用。方法选对了,事半功倍;方法选错了,事倍功半。因此,在面对多维经济业务结构、多元数据构成时,要对绩效评价方法进行创新,灵活机动地选择各项绩效评价方法,如前述逻辑分析法、平衡计分法、样本基准法,等等,从而提高预算绩效评价的科学性和准确性。

六、加强绩效评价结果运用

在工作人员得出评价结果之后,受评价的一方要认真分析绩效评价结果并以此为依据给予预算安排,及时减少或者取消资金使用效率低的项目,对财政资源进行优化配置。此外,还要加强绩效评价结果的运用,奖惩分明,以激励机制调动人员的工作积极性。

第五章

政府预算与绩效管理的支撑与保障

实施预算绩效管理要求立足多维视角和多元数据,运用各类绩效分析方法,完善政府预算绩效管理的法制化和审计监督,以提升预算绩效管理标准的科学性、结果的可信性。

第一节　预算绩效管理的技术支撑

一、社会调查技术与方法

社会调查是综合运用历史研究和观察研究等方法，以及问卷、访谈、个案研究、测验或实验等科学方式，对各种社会现象进行有计划的、详细的了解，并且分析、综合、比较、归纳经过各种渠道收集来的资料，从而深入挖掘社会上普遍存在的问题，探索其中的规律。

从这个定义出发，可以看出社会调查具有以下几个基本特征。

（1）社会调查的认识对象是社会现象而非自然现象，而社会是由具有主观能动性的人所构成的，这意味着自然科学的研究方法不能被简单地照搬或套用。另外，对单纯个人的调查不能称为社会调查。

（2）社会调查的认识对象是社会现象而非个人。尽管社会调查的调查对象通常是具体的个人，但是社会调查所要描述和解释的是由这些个体所组成的群体，或者是由多个个体行为所构成的社会现象。

（3）社会调查属于一种系统性的认识活动，其并非如日常行为那样杂乱无章地进行认识、总结，而是要根据一定的结构和程序来进行。社会调查活动一旦开始进行，从选择调查主题开始，到最后形成调查报告，整个流程表现出极强的系统性和程序性，而这也是调查活动所具有的某种内在规律的外在体现。

（4）究其本质，社会调查是一种定量的研究方式。社会调查依托于特定程序，运用特定的方法，使用专门的工具，对各种可能应用到的资料进行收集，并在此基础上运用社会统计学原理、计算机等来实现调查资料的量化处理和科学分析。正因为这样，可以将资料的定量处理与统计分析方法的运用看成社会调查的标志之一。

（5）社会调查过程中，不但要对各种资料进行收集，还要进行科学分析。这一特征也使得社会调查成为一种独立的社会研究方式。换言之，人们可以采用社会调查法独立地完成某一方面的探索，而不需要借助于其他工具。

在财政支出预算绩效管理开展过程中，除了可以通过采用综合评价表和基础表获得评价所需的统计数据外，还需要收集利益相关方，特别是受益者对财政资金投入获得的产出和效果方面有关质量、主观感受的度量数据，这就需要在预算绩效评价中引入社会调查。本节主要就评价过程中普遍使用的问卷调查法和访谈调查法进行介绍。

（一）社会调查的基本要素

从社会调查的定义和实施过程来看，社会调查主要包括以下 3 个要素。

（1）抽样：主要解决调查对象，也就是调查谁的问题。在预算绩效管理活动中，社会调查的抽样对象主要是财政资金的利益相关方，特别是受益群体。

（2）问卷或访谈：主要解决社会调查的方式、方法和工具问题，包括问卷调查或访问，是进行变量测定和资料收集的工具。

（3）统计分析：主要解决社会调查结果的问题，包括分析和处理资料的手段。

（二）问卷调查法

1. 问卷调查法及其特点

（1）问卷调查法的定义

问卷调查法是将一些需要了解的财政资金绩效方面有关质量和主观感受上的内容设计成书面问卷，向被调查者（通常是财政资金的受益者或其他利益相关方）询问，并且要求被调查者采用书面形式作答，然后归纳总结分析所有答案或者部分抽样答案，在此基础上得出结论的方法。

（2）问卷调查法的特点

问卷调查法的主要优点如下。

①有助于提高评价的正确性和科学性。在设置调查问卷时，要尽量使问卷针对性强、科学合理，从而提升调查问卷的有效性，以利于获得大量有价值的第一手资料，从而帮助提高评价的正确性和科学性。

②能够降低被调查者的心理压力，提高调查结果的准确性。由于调查问卷通常采用不记名的方式填写，被调查者可以毫无压力地，甚至毫

无保留地对各项问题进行作答,从而更多真实情况跃然纸上,调查结果的准确性也得以提高。

③便于对获得的资料进行定量处理和定性分析。问卷调查法的调查对象范围可以很广,通过分析很多素不相识的人的调查问卷,能够尽量避免主观偏见,降低人为误差,更助于得出正确的评价结果。

问卷调查法的主要缺点如下。

①灵活度受限。

②回收率较低。

③搜集到的信息可能不够深入,容易流于形式。

④被调查者的范围缩小,需要达到一定的文化程度。

⑤难以对数据缺失的原因进行分析。

⑥被调查者在填写调查问卷时可能会受到随机反应、社会性要求等因素的干扰,从而影响答案的可靠性。

2. 问卷调查方案设计

为了更有效地调查项目所涉及的受益者等利益相关方的主观感受,评价方应在方案阶段设计问卷调查方案,明确列出调查的目的、对象、内容等要素,并且列出问卷的样式。需要抽样调查的,要说明抽样方法和抽样比例。如果有需要,还要以附件的形式把评价对象名单和抽样样本名单列出来。

(1)问卷调查目的

问卷调查的主要目的是获得财政资金受益者等利益相关方对资金产出和效果方面有关质量、主观感受的信息资料,定量分析财政预算资金产生的社会效益。在阐述问卷调查目的时,可以根据财政预算资金的具体内容和支出范围详细地阐述问卷调查的具体目的。

(2)问卷调查对象

问卷调查通常以财政预算资金的受益者作为主要调查对象,有时会涉及其他利益相关方。但在确定问卷调查对象时需要注意:并非所有的受益者都是公众,有些项目或财政预算资金的受益者是一小部分的特定人士或特定团体,而公众只是这些项目或资金的间接受益者。如名老中医传承补贴项目的直接受益者是名老中医传授的徒弟们,接受名老中医徒弟们看病的社会公众仅为间接受益人;一些规划设计项目的直接受益者是应用这些规划设计成果的职能部门或决策部门,而不是这些项目规划内容涉及的居民或企业。

（3）问卷调查对象数量

因为问卷调查法是抽样调查方法，故在确定调查对象数量时，会出现两种情况：一种是财政预算资金利益相关者总体数量较少；另一种是财政预算资金利益相关者总体数量很多。针对这两种不同的情况，确定调查对象数量的方法也不同。

①当财政预算资金利益相关者总体数量较少时，可以把所有利益相关者作为问卷调查的对象。

②当财政预算资金利益相关者总体数量较多时，可以根据数理统计知识科学地确定问卷调查对象数量。

需要特别注意的是，根据经验及统计显著性要求，在绩效评价实践中一般要求抽样比例为总体样本的5%~10%。总体数量较少时，根据统计效力要求，总数一般不得少于150个。根据需要，可以适当加大比例，但要注意问卷调查的效度、信度和调查成本之间的权衡。

（4）问卷调查对象抽样方法

①简单随机抽样：按随机原则直接从总体单位中抽取几个单位作为样本，抽样时既不分组，也不排列，使总体中的单位都有均等抽取机会，常用的有抽签法、随机数表法。

运用时注意：第一，它只适用于总体单位数目不大的情况，但单位容量较小容易失去代表性，因而要求尽可能采用取样在30个以上（最好50个以上）的大样本，以确保抽样精度；第二，总体内单位之间差异较大时不宜采用这种方法，因为抽取的样本不容易保证确实具有代表性，从而使抽样结果失真。

②等距抽样：将全部总体按某一标志排列，然后以固定顺序和间隔来抽选单位的一种抽样方法。

运用时注意：第一，等距抽样要对总体内所有单位进行编码，需要搜集总体名单，工作量较大，所以不适用于大容量的总体抽样；第二，当研究的总体个案类别间数量悬殊时，缺乏代表性；第三，抽样间隔接近研究的总体个案类别的分布间隔时，会形成周期性偏差。

③分层抽样：先对总体各单位按主要标志加以分组（或分层），然后再从各组中按随机原则抽选一定单位构成样本的抽样方法。

运用时注意：第一，要尽量缩小层次内的差异，增大层次间的差异；第二，分层不宜过多，以免层内单位数过少而无法抽样；第三，在划分层次时,做到分类明确,不发生混淆或遗漏。

(5)问卷内容设计

①卷首语

卷首语的内容应该包括:调查的目的、意义;调查的主要内容;选择被调查者的途径和方法;调查的匿名和保密原则;调查者的单位名称和时间;调查单位的联系人和方式等。

②指导语

指导语是用来指导被调查者填答问卷的各种解释和说明,类似于使用或填写说明。

③问题和回答方式

问题种类主要包括如下。

第一,背景性问题,主要是了解被调查者个人的基本情况,如性别、年龄、学历、职称等基本信息,通过对被调查者基本情况的了解,可以为有针对性地提出对策建议提供参考。

第二,基本情况问题,主要是了解被调查者对项目基本情况的了解或参与情况,包括被调查者熟知、参与或使用项目的情况等信息。

第三,满意度问题,主要了解被调查者在使用该项目的产出或服务后的感受或者主观评价,包括对项目产出或服务的数量、质量、及时性、效益和影响方面的感受或者体会等方面的主观反馈。

第四,开放式问题,主要了解被调查者在使用或消费预算资金提供的产品或服务后,建议如何更好地促进这类项目的管理或建设,更好地为社会公众服务等内容。

问卷结构:设计调查问卷的问题结构时,一般按照背景性问题、基本情况问题、满意度问题、开放式问题的顺序排列。在每一类问题中,按照问题的性质或类别,把内容或性质相近的问题排列在一起;同时,注意按照问题的复杂程度,以及时间顺序排列,使得问题排列具有逻辑性。

④问题的回答

前述不同类型的问题,其回答方式也略有不同。

第一,背景性问题和基本情况问题可以采用选择式回答,即将问题的几种主要答案甚至所有答案都列出来,被调查者从这里面选出自己认为正确的作为问题的答案,不能出现脱离已有答案的回答。

第二,满意度问题主要采用等级式回答方式,常用的表示等级的词语有:“超喜欢,很喜欢,喜欢”“特别好,还行,一般”“非常讨厌,讨厌,无所谓”等等。此外,还可以用数字来表示等级,例如,从1到10分别表示满意的程度,10为“最满意”。

第三,对于开放式问题,主要采用开放型回答。顾名思义,就是该问题没有特定的答案,受调查者可以采取开放的态度对待这些问题,自由填写答案。

(6)问卷设计的原则

①明确问卷设计的出发点

在设计调查问卷的时候,要把调查目的及调查需要放在首位。也就是说,在设计调查问卷的时候,要以所研究的问题和所要测量的变量为中心,尽量使问卷答案就是所要研究问题的答案。需要特别注意的是,要想使问卷调查取得不错的效果,就要站在“人”的角度思考问题,既要明确问卷设计者最想知道的答案,也要考虑到回答者是否方便回答。

②明确阻碍问卷调查的因素

第一,主观障碍。阻碍问卷调查的主观因素是被调查者因为在心理上对问卷产生各种不良反应而形成的障碍。例如,该调查问卷有太多计算题,填起来十分麻烦,这就可能造成被调查者乱写一气;又如调查问卷涉及个人隐私,被调查者不愿回答;又如,调查问卷需要填写大量的文字信息,被调查者从而产生烦躁的感觉,放弃作答;等等。

第二,客观障碍。阻碍问卷调查的客观因素是被调查者因为自身的能力、条件等的限制而形成的障碍。例如,某位被调查者只念书念到小学,阅读能力和理解能力都有限,面对整页整页的调查问卷则会使其产生畏难情绪,从而放弃答卷,影响问卷的回收率。

③明确与问卷设计紧密相关的各种因素

第一,调查的目的。在准备采用问卷调查方法之初,就要明确调查的目的。因为调查的目的好似灯塔,指引着接下来的所有活动,比如调查问卷的内容、被调查对象的选择等。例如,调查目的仅仅是了解被调查对象的一般情况,那么调查问卷的内容则应该是一些基本事实方面的,比如年龄、性别、职业等。

第二,调查的内容。毋庸置疑,调查内容在问卷调查中占有非常重要的地位,其是影响问卷设计工作的一个主要因素。例如,当调查内容较为敏感时,调查问卷的内容可以设置得相对浅显、概略一些;当调查内容容易激起广大被调查者的兴趣时,调查内容可以具体、深入一些。

第三，样本的性质。样本的性质同样是与问卷设计紧密相关的因素，主要是指样本的构成情况，样本的构成情况对于问卷设计工作和问卷调查结果有着非常重要的影响。在设计调查问卷的时候，设计者应该对样本的性质，如年龄、受教育程度、职业等有较为清晰的设想。

第四，问卷信息的分析方式。不同的问卷信息分析方式对问卷有不同的设计要求。假如对问卷信息进行定性分析，在设计问卷题目时应主要考虑开放式问题；假如对问卷信息进行定量分析，在设计问卷题目时应主要考虑封闭式问题。

除上述几点外，问卷设计时还应考虑经费份额、调查人员数量、调查时限等。

3. 问卷调查实施

（1）问卷调查实施准备

问卷调查实施前的准备工作：问卷调查具体实施之前，除了做好方案设计中提到的有关问卷调查对象确定、抽样方式确定，以及设计好调查问卷等准备工作外，还要做好具体实施问卷调查的准备工作，包括确定问卷调查的时间和地点，参与问卷调查工作的人员分工、印刷调查问卷、准备适量小礼品、确定交通工具等。依据评价需要，可以将上述需要准备的工作内容汇总形成一份详细的问卷调查实施方案。

（2）问卷调查具体实施

在绩效评价过程中，问卷调查是所有环节中最具挑战性的一项工作。根据开展绩效评价工作的实践经验，可以采取以下措施帮助做好问卷调查工作。

①借助预算部门（单位）的力量。管理和使用财政资金的单位都是政府职能部门，这些职能部门下属的业务部门往往直接与财政预算资金的受益者发生业务联系，通过他们和具体的问卷调查对象联系，开展问卷调查工作相对较容易。因此，在进行问卷调查时，可以通过预算资金使用部门联系问卷调查对象；在调查问卷卷首语的调查单位中要加上政府职能部门或财政部门，这样可以让接受问卷调查的对象更加信服。

②为接受问卷调查的对象准备一份小礼物。这样可以调动被调查者参与问卷调查的积极性，能更加配合做好填答调查问卷的参与工作。

③聘请勤工俭学的大学生参与问卷调查工作。勤工俭学的大学生具有一定的客观独立性，容易获得社会各界人士的信任，从而拉近与被

调查者的距离，获得被调查者的配合和支持。此外，大学生往往具有较丰富的知识，容易掌握问卷调查的方法，可以为被调查者就问卷中的一些问题进行答疑解惑，从而有助于较好地完成调查问卷的工作。

4. 问卷数据处理与分析

（1）调查问卷数据处理

对收集的问卷进行整理、审查：①调查对象的选择是否符合原设计要求；②调查指标的理解和操作是否符合规定；③对询问问题的回答是否符合原设计要求；④填写的数据是否真实、准确；⑤对检验性问题的回答是否经得起检验；⑥如果是访问问卷，还应审查访问员访谈的起止时间、对回答的评价，以及复核员的复核意见是否填写完整、符合要求；⑦编码是否正确、完整；⑧问卷的填写是否有漏填项目。

开放型回答的后编码：①预分类与预编码；②“对号入座”和“不断加码”；③选择、归并分类类别和编码。

问卷录入。问卷的数据需要按标准格式录入分析工具才能进行统计分析和定量研究。数据录入是计算机汇总和整理问卷资料的一个重要环节，是运用计算机对数据和问卷进行统计分析和研究的基础。

（2）调查问卷数据加工分析

满意度计算赋值：首先给各种选项赋值，如最满意 =5，满意 =4，一般 =3，较不满意 =2，最不满意 =1…可以根据选项的多少和选项的重要程度来决定赋值的大小。

然后根据等概率法计算满意程度，计算公式为：每题满意率程度 =[“最满意”回答个数 × “最满意”赋值分数（如 5）+“满意”回答个数 × “满意”赋值分数（如 4）+…+“最不满意”回答个数 × “最不满意”赋值分数（如 1）]/[（全部回答个数 × “最满意”赋值分数（如 5）] × 100%；

总体满意率程度 = 各题满意率程度的算术平均值（或加权平均值）。

例如，某绩效评价项目共回收 749 份问卷，汇总每份问卷的回答情况如下（见表 5-1）。

表 5-1　某绩效评价项目满意度问卷分项统计表

选项	题号										
	1	2	3	4	5	6	7	8	9	10	11
完全不满意	1	0	1	3	2	2	0	0	0	0	1
不满意	17	7	8	14	14	16	7	10	4	9	13
一般	86	65	108	111	119	156	99	147	76	73	85
满意	331	414	382	356	371	364	377	366	413	411	384
非常满意	314	263	250	265	243	211	266	226	256	256	266

根据上述回答的汇总数据，计算每题的满意度（见表 5-2）。

表 5-2　某绩效评价项目满意度统计结果

题号	1	2	3	4	5	6	7	8	9	10	11
满意度（%）	85.10	84.91	83.28	83.12	82.40	80.45	84.09	81.58	84.59	84.41	84.06

具体计算过程为（以第 1 题为例）：

满意度 $= (1\times 1+17\times 2+86\times 3+331\times 4+314\times 5)/(749\times 5)$

$=85.10\%$；

同理，可以计算其他各题的满意度。

最后，总体满意度 = 各题满意度的平均值 =83.45%。如果给每题分配了不同的权重，则根据每题的权重乘以每题的满意度得到总体满意度。

（3）调查问卷数据的定量分析

根据调查问卷录入时的编码，分析不同的主观回答种类及统计分布，通过定量分析丰富基础数据和社会调查数据的应用。

5. 问卷分析报告撰写

根据调查问卷数据分析结果，撰写调查问卷分析报告。问卷报告的主要内容包括：调查对象与调查内容、调查方法与调查方式、问卷的发放和回收情况、调查结果分析等。其中，调查基本情况介绍需要做到简明扼要，问卷的调查结果分析是重点，可根据需要自行选择进行交叉分析，在基本分析基础上进一步深化。

（三）访谈调查法

1. 访谈调查法及其特点

（1）访谈调查法定义

访谈调查法，就是指调查者和被调查者以面对面的形式，以语言交流、讨论为桥梁进行调查。在访谈调查进行过程中，调查者要注意收集相关资料，并根据情况对受调查者进行评价。

（2）访谈的类型

依据不同的分类标准，访谈调查法可以分为多种类型。

①以访谈员对访谈的控制程度作为分类标准，可以将访谈划分为结构性访谈、非结构性访谈和半结构性访谈。结构性访谈在开始前，调查者会先根据访谈主题列好提纲并就提纲与受访者做好沟通，确定好受调查者的回答内容，在正式开始访谈后，受调查者需要按照事先约定好的标准答案进行回答，因而结构性访谈又被称为标准式访谈。与此相对，非结构性访谈在正式访谈前不对访谈内容和访谈答案进行任何标准式的规定，没有完整的调查问卷、没有列好的提纲、没有一板一眼的访谈程序，调查者仅准备一个大致的提纲或者只在脑海中想好一个主题，便与受调查者进行随意的交流，因而非结构性访谈又被称为自由式访谈。介于结构性访谈和非结构性访谈之间还有一种名为“半结构性访谈”的访谈形式，在这一类型的访谈进行过程中，调查者虽然对访谈过程有一定程度的控制，但是整个访谈过程仍然是自由、随意的，受调查者可以有较大的空间来表达自己的观点和意见。

②以调查对象的数量作为分类标准，可以将访谈划分为集体访谈和个别访谈。集体访谈中有一名或者数名调查者，受调查者人数不限；而个别访谈则是一对一访谈活动。

③以人员接触情况作为分类标准，可以将访谈划分为网上访谈、电话访谈和面对面访谈。其中，前两种访谈方式的媒介分别是互联网、电话，面对面访谈则是调查者和受调查者通过面对面的沟通来进行。因此，面对面访谈又被称为直接访谈，而同样通过语言交流，但却以电话为传播媒介的电话访谈则被称为间接访谈。

2. 访谈调查方案设计

（1）访谈调查目的

访谈调查的目的主要是通过向财政资金的管理者了解财政资金安排的背景、管理制度建设情况，以及向财政资金使用者了解资金使用情况，从而更加全面深入地了解财政资金决策、管理和使用情况（包括财政资金使用内容、组织管理流程、利益相关方及绩效目标等）。

（2）访谈调查对象

根据前述调研访谈的目的，访谈对象主要包括两类。

①财政资金管理主体：主要包括财政部门的预算处室、业务处室，以及预算主管部门的财务处室和业务处室。

②财政资金使用主体：主要包括具体使用财政资金的业务单位，包括负责预算资金使用的财务人员、业务人员等。

此外，当财政支出涉及政府采购时，可以增加对供应商及评标专家的调研访谈。

（3）访谈调查抽样方式

①管理主体：可以采用面对面访谈的方式，对财政部门预算处室、业务处室，以及预算主管部门的财务负责人或业务负责人进行单独访谈；也可以把这些主要负责人召集在一起召开座谈会，为确保座谈更加全面、深入，座谈会规模建议在 4~5 人。

②实施主体：主要采用 10~15 人的座谈会形式，召集业务部门负责财政资金管理和使用的管理人员、业务人员及间接受益者进行座谈，可以相互启发，使谈话更加全面深入。

（4）访谈调查内容

①管理主体：主要通过访谈了解财政资金项目立项的背景和目的、制定的相关管理制度和政策及其执行情况、资金使用内容、使用过程的组织管理、使用后的产出情况、使用取得的成绩，尤其是资金使用过程中存在的不足，以及如何改进和完善方面的建议。

②实施主体：主要通过访谈了解财政资金使用的具体方向、使用资金生产产品或提供服务的具体内容、公共产品或服务提供取得的成效、生产或服务中存在的不足，以及如何进一步完善及改进的建议和意见等内容。

3. 访谈调查实施方法与技巧

（1）访谈调查实施准备

访谈实施前的准备工作：调研访谈具体实施之前，除了做好上述方案设计中提到的有关调研访谈对象确定、调研访谈方式确定、调研访谈内容确定等准备工作之外，还要做好具体实施调研访谈前的准备工作，主要包括：设计调研访谈提纲、联系被评价单位确定调研访谈的具体时间地点和具体参与人员、将调研提纲提前发送给参与调研访谈的具体人员、培训调研访谈员。

（2）访谈调查实施方法与技巧

①明确访谈中所提出的问题。访谈中提出的问题主要有两类：一是实质性问题，即与所要了解的内容有关的问题。如可以提问：您认为义务教育生均补贴专项资金可以从哪些方面进行评价？二是功能性问题，即在访谈中为了更好地接触被访谈者并使访谈更有效地进行所做的提问。如可试探性地提出：您是否愿意对领导工作中的问题提出批评和建议？

②访谈中，要通过恰当的方式来接近被访谈者，打消他们的顾虑，使两者之间建立起亲切友好的关系

③注意提问的方式和方法。具体使用哪种方式，要根据所提问题和所要达到的目的而确定。若所提问题为一般问题，可以直截了当、具体明了；敏感性的问题则要先投石问路，再一步步推进，注意不要引起访谈者的反感，以免影响访谈的进行。

④访谈中，访谈者还要掌握倾听的技巧。访谈者不仅要“善问”，还要“会听”；既要提高听的有效性，还要有感情地去听，并对被访谈者做出恰当的反应。

⑤绩效评价中的访谈，要注意访谈问题的客观、中立，基于客观事实，不能有过于明显的导向性。此外，由于访谈对象往往是预算资金的管理和使用单位，因而不宜询问访谈对象对资金使用管理的满意度。

4. 访谈调查数据处理与分析

调研访谈结束后，要认真整理调研访谈资料，对调研访谈中提到的典型问题进行归类，总结调研访谈反映出的突出问题及其原因，为绩效评价报告的撰写提供更加丰富的信息资料和结论支撑。

5. 访谈调查报告撰写

根据调研访谈汇总分析结果，撰写调研访谈分析报告。访谈报告的主要内容包括：访谈目的、访谈对象、访谈时间、访谈地点等基本信息，以及访谈内容、访谈整理、总结出的访谈结论（包括访谈中反映的突出问题和建设性意见、建议等）。访谈报告对于了解项目基本概况，总结项目实施和管理经验，初步发掘项目存在的问题和潜在风险，以及探究项目管理改进建议等方面均具有启发性作用，能够为报告主体撰写提供参考依据。

（四）社会调查的具体应用

1. 问卷调查法的应用

预算绩效管理的对象是财政资金，而财政资金的受益者及其他利益相关方往往具有覆盖范围广、数量和规模大等特点。问卷调查法由于其标准化和成本低的优点，是目前国内外社会调查中较为广泛使用的一种方法，能够相对节省时间、经费和人力，因而适合进行大规模的调查。

通过科学、有效的问卷调查，可以获得大量的第一手资料，了解受益群体对财政性资金收集、分配和使用绩效的意见和建议，从而提高评价的科学性和客观性。在预算绩效管理的实践中，问卷调查法在事前绩效评估和事后绩效评价过程中应用相对较多，在事中绩效运行监控中的使用相对较少，这与预算绩效管理各阶段的管理重点也是匹配的。

在事前绩效评估中，可以通过问卷调查法对政府、部门、政策或项目的服务对象及利益相关方进行有针对性的需求调查，了解其对于财政资金收集、分配和使用的看法，如某项政策的出台是否有必要，如有必要，目前的政策措施是不是“对症下药”，政策实施是否真正具有可操作性等，从而支撑对必要性、可行性及预算合理性等方面的评估。如在某地区卫生院建设项目的事前绩效评估中引入问卷调查，通过对卫生院现有医护人员、近年来医疗服务及公共卫生服务对象、卫生院计划辐射和覆盖地区居民的医疗需求状况的调研，了解分析医护人员现有医疗服务对硬件设备设施的需求状况，从而将调研结果作为卫生院建设必要性分析的重要依据。

在事后绩效评价中，评价主体如果更加关注财政预算资金的绩效实现情况，则要进行社会公众或受益群体对政府运行、部门履职、政策和项目实施绩效的满意度调查。如公共文化馆的建设，其建设规模、开放时间、提供的服务能否达到特定区域内社会公众对于公共文化需求的满足程度，后期还可以进行哪些提升或改进等。再如，在数字化校园建设项目的事后绩效评价中，对数字化校园项目的主要受益群体，包括在校教职工及学生展开满意度调查，从而对数字化校园建设成果的利用情况和使用效果进行考察。

此外，在政策绩效评价中，还需要特别注意区分政策目标群体和直接受益群体两个范围。如对某地区的中小企业发展专项资金政策进行绩效评价时，一方面要对直接受益的企业进行满意度调查，主要是为了了解财政资金对企业发展的作用及企业的满意度；另一方面还需要对其他未获得扶持资金的中小企业进行调查，获取其对该政策本身及政策实施的意见。如有的中小企业未申报，原因可能是申报条件过高，也可能是并不知晓该政策。通过问卷调查和分析，可以为政策优化建议提供支撑。

事中重点是绩效目标实现程度和预算执行进度的双监控，由于监控所处的时间节点预算资金的效果往往还未显现，故而更多使用访谈、案头研究、现场察看等方法，但也可以借助问卷调查法对监控过程中重点关注的问题进行数据采集。

2. 访谈调查法的应用

访谈调查法由于其运用面广、操作简便迅速等特点，在事前、事中和事后预算绩效管理工作中均有应用，主要区别体现在调查对象和内容方面。

事前绩效评估由于相关政策或项目未有开展，因而访谈对象主要是政策或项目的设立者，访谈内容主要是政策或项目设立的背景和目的、绩效、目标、主要内容、预算安排及组织管理保障等。如上述卫生院建设项目的事前绩效评估中，主要对该地区建设管理部门、卫生院建设领导小组及主管部门相关领导进行访谈，了解和沟通该地区现有医疗卫生状况水平、项目建设目标、计划实施方案等。

事中绩效运行监控的访谈对象应进一步扩展至政策或项目的具体实施单位或人员，关注政策或项目实施的具体工作机制、执行进度、问题及整改落实情况等。如对某学校体育馆建设项目开展事中绩效运行监控,需要以项目绩效目标为基础,通过对建设单位和施工单位相关负责人进行访谈,明确工程建设进度与计划的匹配性,以判断项目执行是否存在偏离,若存在偏离,需进一步了解和分析偏离产生的原因。

除政策和项目的管理者与具体实施者以外,事后绩效评价还可以对财政预算资金的其他利益相关方进行访谈;在访谈内容上则侧重政策或项目绩效目标的达成情况。如就业培训补贴政策,除了可以通过问卷对参与培训的人群进行满意度调查外,还可以通过对培训人员在职的单位进行访谈,了解培训对其员工的影响。

二、预算绩效管理绩效分析方法

(一)绩效分析概述

1. 绩效分析的本质

绩效,其本质是资源配置和使用的效率问题,包含了经济性、效率性及效益性 3 个方面。经济性是指以最低费用取得一定质量的资源,考察支出是否节约;效率性是指投入和产出的关系,考察是否以最小的投入取得一定的产出或者以一定的投入取得最大的产出;效益性是指多大程度上达到政策目标、经营目标和其他预期结果。

因此,绩效分析的本质是分析解答“投入—产出”过程中的效率效益问题,通过深入剖析绩效差等问题产生的原因,为解决资源配置问题提供思路。绩效分析不设立统一的框架与分析模式,根据项目和资金性质的不同,运用多种方法,通过不同模型回答各种现实问题。

从目前绩效评价的开展形式来看,各地区各部门主要通过构建一套绩效评价指标体系,以评分方式进行绩效评价,根据评分结果对绩效好坏做出相应的分析和判断。然而,仅通过指标体系进行绩效评分这一种方法,尚不能完整揭示绩效的本质及绩效管理中存在的问题。因此,需要在绩效评分的基础上,通过一系列更为复杂的模型分析方法,对公共部门的绩效进行更深入、更全面的分析。

2. 指标分析方法介绍

指标分析方法,依托绩效评价综合指标体系,根据评分规则和原始数据对实际业绩进行评分,从得分及扣分点分析某项目或某资金存在的问题并挖掘原因所在，从而对被评价对象做出较为全面的评价。

3. 指标分析方法应用

以下结合具体实例，阐述如何运用指标体系开展绩效分析。

为评价《C地区车辆停放服务收费管理暂行办法》（以下简称《暂行办法》）实施效果，C地区开展了公共政策绩效评价。根据政策情况，评价组构建了综合评价指标体系，并通过社会调查等方式获取相关资料。

现结合部分典型指标得分情况对该政策进行绩效分析（见表5-3）。

表5-3　部分典型指标得分情况

一级指标	指标内容	得分率
A 政策决策	A1 政策与战略目标的适应程度	100%
B 政策执行与管理	B1 实际收费与标准偏差	58.94%
C 满意度	C1 车主满意度 / 业主满意度	74.75%/88.00%

（1）结合得分指标分析项目绩效

对满分指标"A1"进行分析：本次《暂行办法》的出台背景是C地区没有明确的车辆停放服务收费管理办法，且停车资源紧张现象较为明显，车主投诉也较多，因而为了加强停车服务收费管理，规范车辆停放服务的收费行为，保护消费者和经营者双方的合法权益，政策出台与地方停车收费管理规范化、科学化发展目标相适应。政策制定过程依据《中华人民共和国价格法》和当地政府《印发关于市区机动车停放服务收费改革意见的通知》，实现管理制度从无到有，并且制定依据科学合理。

该指标属于政策决策性指标，通过得分可以看出政策制定的必要性和重要性，政策制定有助于促进停车场收费管理的有序开展，若通过严格的监督确保政策执行效率，该政策能够取得一定效果。

（2）结合扣分指标分析项目不足

在政策执行类指标中，B1"实际收费与标准偏差"得分率较低，原因在于有41.06%的车主遇到过停车收费与其规定标准不一致的情况。但考虑到社会调查结果包含了《暂行办法》出台之前的情况，因此该指标不能完全反映出停车场业主违规定价的行为，但从另一个角度说明了当地停车场车位供不应求，管理办法中的指导价可能难以发挥调节供需的作用。

在满意度指标上,满意度普遍不高,尤其是车主对停车场管理的满意度。涉及车位数量和停车场规模满意程度的题目得分较低,且分歧较大,反映出的核心问题主要是车位供给不足;涉及收费管理的安全性、规范性等内容的问题,满意度相对较高。从中不难看出,《暂行办法》的出台对停车管理的改善起到了推进作用,而停车资源不足则是当前难以回避的问题,也是满意度偏低的主要原因。

根据以上指标反映出的现象,综合其他指标的分析结果,《暂行办法》在建设与管理中存在的主要不足为:政府定价、指导价还依然沿用以前政策的收费标准。然而,随着经济发展和人民收入水平的提高,汽车保有量快速增长,原有的收费水平已无法调节如今对停车资源的供需水平。

以上为通过指标体系分析评价对象绩效得出分析结果的过程。

4. 指标分析方法的局限性

就目前情况而言,各地方政府开展绩效评价时普遍采用基于指标体系评分的分析方法,这一方法虽然得到了广泛采用,但不可否认,其存在着一定的不足之处。主要表现为:指标体系的科学性还有待提高;指标评分法只简单地寻求被评价对象管理或执行中的问题,但对于问题产生的深层次原因很难判断;指标体系评分法与预算的关联度不高,并不能真正揭示“投入—产出”的配比问题,即无法回答“绩效”这一问题。

5. 绩效分析方法的拓展

由于现行绩效分析方法的局限性,因而我们有必要结合其他方法及模型深入探究绩效情况,真正实现“绩效分析”目的。

在解决一般问题时,学界较常见的是运用统计学方法进行定量分析,如回归分析、主成分分析、因子分析、聚类分析等。统计学方法在判断数据之间的关系方面一般能做出较好的解释,且能通过构建模型对数据未来走势做一定程度预测。然而,由于统计学模型运用时严格的假设与限制条件,因而在开展“投入—产出”效益分析时一般难以做出有效的解释。

（二）“成本—效益”分析方法与应用

开展财政资金绩效评价，重点在于突出“绩效”二字，而绩效的重点则在于经济性、效率性与效益性的体现。私人部门的投入讲究利润最大化，即以最小的成本得到最大化的产出效益。公共部门支出同样应考虑成本投入，一味地追求产出而忽视投入成本，有可能带来社会资源的极大浪费。“成本—效益”分析方法为公共部门支出在预算约束下实现社会福利极大化提供了分析思路，这一方法往往可用于事前对实施方案的选择。

1.“成本—效益”分析方法概述

（1）“成本—效益”分析概念

“成本—效益”分析法是根据政府确定的建设目标，提出若干实现建设目标的可行方案，详细列出各种方案的全部成本和效益，并将它们转换成现期的货币价值，然后依据决策标准，通过比较分析，选择出社会净效益最大的方案。

（2）“成本—效益”分析的特点

第一，公共支出“成本—效益”分析以社会福利最大化为目标。根据社会契约理论，国家作为政治实体是人们让渡自己部分权利而组成的，因此，政府支出的“成本—效益”分析就不仅仅是政府收支的增加或减少，而是全体人民福利的增加或减少。同样的一个项目支出，私人部门以利润为目标，而政府部门要以社会福利最大化为目标。在进行一项经济决策时，政府除了要考虑用货币表示的经济利益外，还要考虑非货币的变化，如环境污染、健康、安全等。

第二，公共支出“成本—效益”分析需考虑多因素影响，数量较难准确衡量。为最大化利润，私人企业根据市场价格做决策，但以社会福利极大化为目标的公共部门决策难以做到这一点，主要由两个因素决定：一是与许多政府项目分析相联系的市场价格不存在。如非洲某国实施一项控制疟疾计划，该国市场很不完善，甚至在一些地方根本不存在市场。此外，这项计划产生的外部效应是巨大的，很多人的生命健康将因此得到保障，整个社会都会从中受益。但是需要明确的是，这种影响是无形的，因为不存在市场，所以就不可能准确衡量收益。其他还有诸如生命价值、时间价值、为修建水库而淹没的古迹的价格、自然资源得以保护和生态平衡的价格等。二是即使存在这种市场，也不可能完美，外部效应、税收扭曲、配额、管制等都会使市场价格偏离真实的社会机会成本。此外，未来的成本收益风险和不确定性问题，也是进行“成本—效益”分析所需要考虑的。

2.“成本—效益”分析步骤、度量及标准

（1）“成本—效益”分析的步骤与要求

①分析步骤

公共支出的“成本—效益”分析不是一个单纯的技术问题，而是一个事前有缜密的设计、执行中有正确的技巧、事后有明确的结论的过程。一般包括5个步骤：第一，确定问题并提出一系列可供选择的方案；第二，设计具体的分析方法；第三，确定每种方案所需要的投入量和产出量；第四，测算和分析各种备选方案和备选项目的成本和效益；第五，将结果列表供决策者抉择。其中，前三项是准备工作；第四项是成本效益分析本身，是最为关键的部分。

②“成本—效益”分析的要求

“成本—效益”分析分为定量分析和定性分析两部分。其中，定量分析主要是根据经济理论，运用原始资源数据，采取科学方法，对成本和效益进行估计、鉴定和比较，最后评定项目的社会价值。“成本—效益”分析中不能进行定量分析的可进行定性分析，定性分析通常称为社会影响分析，主要是对非经济效应的考察。在这部分分析中，一切非数量化的效应均须尽可能明确地列出，并说明可能的影响。

（2）成本与效益的度量

政府支出项目效益的度量大致可分为两种类型：可度量的和不可度量的。可度量的效益包括有形直接效益、有形内在间接效益和补充投入。可度量的成本包括有形直接成本和有形间接成本。不可度量的效益包括有形外在间接效益、无形直接效益和无形间接效益。不可度量的成本包括有形外在间接成本、无形直接成本和无形间接成本。

有形成本与效益可以直接观察，容易度量。相对而言，无形成本与效益的价值难以直接观察或测量，需要采用一些变通的方法，常用的方法如时间价值估计法，通过假定在评估基准日重新组织人员进行无形资产的开发所需的时间、人力、物力，再加上合理的利润，得出评估值。

（3）成本与效益的标准

在公共支出中，许多投入或效益都不限于一个年份，一些项目的建设周期或使用周期会持续若干年甚至几十年，而一些投入的产出也会在若干年后逐渐显现，即形成所谓由若干年的收益和若干年的成本构成的"收益流"和"成本流"。因此，项目的选择需基于一段"时间流"中发生的成本和效益的综合比较。

在进行"成本—效益"分析时，应明确相应的比较标准。常用的标准有三种：净现值、内部收益率、成本收益率。其中，成本收益率即指收益的现值和成本的现值之比。

3. "成本—效益"分析在绩效评价中的应用

对于事前行为，通过"成本—效益"分析可以对公共政策或支出决策做出指导；对于事后行为，通过"成本—效益"分析，可以分析政府已有行为，比较现有行为的成本效益，指导政府后续投入。无论事前还是事后分析，分析思路与目标都是一致的。本书以学校的教学投入为例，分析"成本—效益"在绩效评价中的应用。

（1）案例背景

为提高居民的民防意识，提升居民应急知识与逃生能力，A 市计划实施开展民防社区推广工作，目前，针对此绩效目标，A 市民防办有四项备选方案，分别为：发放民防用品、开展知识讲座、社区宣传栏推广和民防技能演习。

（2）分析思路

第一步，根据"成本—效益"分析方法，首先围绕绩效目标，对备选方案进行梳理，如表 5-4 所示。

表 5-4　绩效目标与备选方案梳理情况表

序号	备选方案	绩效目标
1	发放民防用品	提高居民的民防意识，提升居民应急知识与逃生能力
2	开展知识讲座	
3	社区宣传栏推广	
4	民防技能演习	

第二步，对各备选方案进行成本效益要素分解，考虑到本次方案的绩效目标在于提高民防意识，故选择“民防知识知晓率”作为核心考核指标。在对结果的估量上，出于简化考虑，不对居民对民防知识的吸收理解进行估算，将“居民只要能够参与到该方案中，即视为接触并获取到了民防知识”作为主要条件。在此基础上，对各备选方案的成本与预期知晓率进行估算，如表 5-5 所示。

表 5-5　备选方案要素分析

<table>
<tr><th colspan="4">成本要素（万元 / 小区）</th><th rowspan="2">备选方案</th><th>效益要素</th></tr>
<tr><th>要素名称</th><th>详细内容</th><th>单位成本</th><th>成本小计</th><th>民防知识知晓率</th></tr>
<tr><td colspan="6">方案一：发放民防用品</td></tr>
<tr><td>人员</td><td>发放民防用品工作人员</td><td>2</td><td rowspan="4">53.5</td><td rowspan="4">发放民防用品</td><td rowspan="4">90% 以上</td></tr>
<tr><td>设施</td><td>无</td><td>0</td></tr>
<tr><td>材料</td><td>发放给每家的民防用品</td><td>50</td></tr>
<tr><td>资金</td><td>用于交通、餐饮、运输等</td><td>1.5</td></tr>
<tr><td colspan="6">方案二：开展知识讲座</td></tr>
<tr><td>人员</td><td>专家费用，以及组织讲座的工作人员劳务费</td><td>5</td><td rowspan="4">6</td><td rowspan="4">开展知识讲座</td><td rowspan="4">20%~30%</td></tr>
<tr><td>设施</td><td>无</td><td>0</td></tr>
<tr><td>材料</td><td>用于演示的民防用品租借费用</td><td>0.5</td></tr>
<tr><td>资金</td><td>用于交通、餐饮、运输等</td><td>0.5</td></tr>
<tr><td colspan="6">方案三：社区宣传栏推广</td></tr>
<tr><td>人员</td><td>宣传栏维护人员</td><td>0.5</td><td rowspan="4">2</td><td rowspan="4">社区宣传栏推广</td><td rowspan="4">10%~20%</td></tr>
<tr><td>设施</td><td>使用小区现有宣传栏</td><td>0</td></tr>
<tr><td>材料</td><td>宣传材料制作</td><td>1</td></tr>
<tr><td>资金</td><td>维护宣传栏及材料的备用金</td><td>0.5</td></tr>
<tr><td colspan="6">方案四：民防技能演习</td></tr>
<tr><td>人员</td><td>演示民防技能的医疗、消防专家</td><td>5</td><td rowspan="4">11.5</td><td rowspan="4">民防技能演习</td><td rowspan="4">30%~35%</td></tr>
<tr><td>设施</td><td>相关民防器具的租借费用</td><td>1</td></tr>
<tr><td>材料</td><td>用于演示及民众参与的民防耗材</td><td>5</td></tr>
<tr><td>资金</td><td>用于交通、餐饮、运输等</td><td>0.5</td></tr>
</table>

第三步，对各备选方案进行“成本—效益”分析，因本项目的成本、效益要素量化程度较高，可通过“成本—效益”比对各项目进行衡量，如表5-6所示。其中，“比率”代表配比在每1%知晓率上的成本，比率越高，表明在实现单位知晓率上付出的成本越高，效率越低。从表5-6可知，社区宣传栏推广的比率最低，是“成本—效益”的最优方案。

表5-6 备选方案成本效益比

方案	成本（万元/小区）	效果	比率（成本/效果）
发放民防用品	53.5	90%	0.59
开展知识讲座	6	25%	0.24
社区宣传栏推广	2	15%	0.13
民防技能演习	11.5	33%	0.35

第四步，对备选方案进行深入分析，评估备选方案的其他效益。这里可以通过情景假设的方法，对各方案开展所带来的潜在效益进行评估，如表5-7所示。

表5-7 备选方案的潜在效益

方案	潜在效益
发放民防用品	为每家每户提供了应急装备，实事项目提升政府形象
开展知识讲座	居民可与专家进行互动，获取更贴近生活的民防知识
社区宣传栏推广	宣传栏可以提供长期影响，在宣传内容上具有灵活性
民防技能演习	居民充分参与应急实践，可加深印象

第五步，结合财政预算能力选择方案。由于不同地区财力不同、基础情况不同，因此在方案的选择上需要结合实际情况。若该地区财力有限、民防基础宣传较差，可考虑社区宣传栏推广、知识讲座等方式；若财力充足、民防基础建设较好，强调效益，则可考虑能带来较高知晓率的方案，如发放民防用品，同时适当结合其他方案开展宣传工作。

4. “成本—效益”分析的局限性

（1）“成本—效益”分析法较适用于成本和收益都能准确计量的项目评价，如公共工程项目等，但对于成本和收益都无法用货币计量的项目则较难用此方法准确衡量。一般情况下，以社会效益为主的支出项目不宜采用此方法。

（2）“成本—效益”分析以“投入—产出”为唯一维度，对公共需求考虑不足。若仅以此为标准，很多重要但收益率不高的项目存在被否定的可能。因此，运用此方法进行项目选择时，必须基于项目的同等重要性为前提，避免一些必要项目在“成本—效益”分析中被否定。

第二节　政府绩效管理的法制化

政府预算绩效管理法制化进程可以归纳如下。

一、初步探索阶段（2001—2010年）

随着中国财政收支规模的增长，政府日益注重预算支出的效率问题，并将发达国家公共部门绩效管理经验逐步引入国内。2000年始，地方政府开始试点预算绩效评价，以期改进政府管理。随后，中国共产党在十六届三中全会上，提出“建立预算绩效评价体系”，在十七届二中、五中全会上，又分别提出“推行政府绩效管理和行政问责制度”和“完善政府绩效评估制度”。这个阶段，从中央政府部门层面正式引入政府绩效评价，建立相应体系，由财政部部署开展具体工作，并经历由浅入深的过程。2005年，财政部颁布了《中央部门预算支出绩效考评管理办法（试行）》，率先在中央部门进行试点，后于2007年全面推行。2009年，财政部印发了《财政支出绩效评价管理暂行办法》，用于指导地方政府绩效评价工作。同时，借鉴发达国家经验，引入政府绩效审计，审计部门也依法尝试开展绩效审计工作，使之成为政府绩效管理的重要工具和手段。2006年《中华人民共和国审计法》第二条和2010年《中华人民共和国审计法实施条例》第二条中，都对审计监督的内容包括财务收支真实、合法和效益作出了规定，这里的效益审计，指的就是绩效审计。政府审计内容不仅包括真实合法性的传统财务审计，还包括注重效益的绩效审计。

2004年开始，地方政府积极响应中央部署，进行绩效评价和绩效审计的试点工作，例如，甘肃省、广东省等进行探索，引入第三方进行绩效评价，逐步形成地方特色绩效管理模式。

二、重点推进阶段(2011—2016年)

2011年财政部出台了《财政支出绩效评价管理暂行办法》，合并了之前指导性文件，统一明确绩效评价的对象、内容、目标、指标、评价标准和方法、组织管理、工作程序、绩效评价报告、绩效评价结果及其应用等，并提出根据需要，专家、中介机构等第三方可以承担政府绩效评价工作。将绩效评价的内涵进行扩展，形成全过程的绩效评价。同年，财政部首次召开了全国预算绩效管理工作会议，并下发了《关于推进预算绩效管理的指导意见》(财预〔2011〕416号)，提出“将绩效理念融入预算管理全过程，逐步建立预算编制有目标、预算执行有监控、预算完成有评价、评价结果有反馈、反馈结果有应用的预算绩效管理机制”，这是一种新的预算绩效管理机制，这份文件也成为推进预算绩效管理的重要指导纲领。2012年，党的十八大报告提出“推进政府绩效管理”，在财政部《预算绩效管理工作规划(2012—2015年)》中，确定了“建立一个机制”“完善两个体系”“健全三个智库”“实施四项工程”的重点任务。中央政府继续将绩效评价工作深入重大民生政策和项目中去，例如扶贫领域的《财政扶贫资金绩效考评试行办法》等。

审计署在2012年的《审计署“十二五”审计工作发展规划》中明确提出要全面推进绩效审计，将工作重心不断向绩效审计和项目评估倾斜，加快制定绩效审计准则、完善绩效审计方法，不断提出积极而有建设性的改进意见和措施，服务政府治理。2014年底，国务院批转财政部《权责发生制政府综合财务报告制度改革方案》，正式推进政府会计改革。2015年，随着修订的《预算法》对“绩效”的关注，以法律形式明确一般公共预算收支中的绩效管理，将绩效评价纳入法治化轨道，要求各级政府要对预算支出开展绩效评价，预算绩效首次被赋予了最高的法律地位。同年，财政部出台了《中央部门预算绩效目标管理办法》(财预〔2015〕88号)，将绩效目标作为预算审核的重要部分和资金安排的重要依据。2016年，财政部向全国人民代表大会常委会首次提供了一册名为《2015年部分重点项目绩效评价报告》的材料，中央五个部门委托第三方对其部门的重点项目进行绩效评价。

地方实践继续推进。例如，广东省财政厅配合省人民代表大会开展预算绩效管理的工作，2014 年，广东省率先尝试由省级人民代表大会作为评价主体，委托第三方对重要财政专项资金实施绩效评价。尤其是广东省还出现了国内首家独立于政府体制外的第三方评价，被称为“广东试验”。河北省财政厅借鉴国外经验，建立具有我国特色的绩效预算管理制度体系，规范推进省内各级政府部门和单位的绩效预算管理工作。

三、全面实施阶段（2017 年至今）

2017 年，全国人民代表大会财政经济委员会提出建议“完善绩效评价机制”。同年，党的十九大报告提出“建立全面规范透明、标准科学、约束有力的预算制度，全面实施绩效管理”。2018 年，十三届全国人民代表大会常委会审议了 2017 年中央决算报告，该报告首次将绩效评价写进了“国家账本”，开始施行“全面实施绩效管理”的要求。同年，中共中央、国务院发布了《关于全面实施预算绩效管理的意见》（中发〔2018〕34 号），进行了顶层设计和部署。在其指导思想中指出，力争用 3~5 年时间基本建成全方位、全过程、全覆盖的预算绩效管理体系，对“全面”作出更为详尽的解释。由此，预算绩效改革进入全面实施绩效管理阶段。同时，财政部立法工作安排也将开展财政预算评审操作规程等部门规章的起草工作作为任务之一，预算评审已经全面地进入具体环节规范化阶段。2018 年政府机构改革，将财政部原有的中央预算执行情况和其他财政收支情况的监督检查的职能划入审计署，使财政部有更多的精力投入绩效预算编制和财政政策规划等工作中去。2018 年，为了规范政府购买第三方绩效评价服务行为，财政部发布了《关于推进政府购买服务第三方绩效评价工作的指导意见》（财综〔2018〕42 号），提出完善购买服务绩效指标体系，探索创新评价形式、方法和路径，稳步推广第三方绩效评价。同年修订印发了《政府综合财务报告编制操作指南（试行）》（财库〔2018〕30 号），表明这项工作也进入了全面实施阶段。2019 年 1 月 1 日起，行政事业单位开始全面执行政府会计准则和制度。

2019 年，国务院总理李克强在政府工作报告中部署“预算绩效管理改革全面启动”。随后财政部在 2020 年印发了《项目支出绩效评价管理办法》(财预〔2020〕10号),2021年印发了《部门决算管理办法》(财库〔2021〕36号),各级地方政府也紧跟其后,开始陆续发布实施全面预算绩效管理的相关政策文件,以期不断提高财政资源配置效率和使用效益,进而推动政府效能的提升。

第三节 政府预算绩效管理的审计与监督

一、政府预算的审计监督的含义与审计监督体系

(一)审计及审计监督

审计是指国家审计机构和审计人员,依法对被审计单位的财政、财务收支以及经济活动,进行审查、分析和评价,并将审计结果向国家有关机关报告的一系列活动的总称。审计具有多种职能,包括经济监督职能、经济公开职能和经济执法职能等。其中,监督职能是审计的基本职能。审计监督就是审计机关开展的经济监督活动。

一般认为,政府预算的审计监督主要是对预算执行的审计监督,包括对总预算执行情况和单位预算执行情况的审计,是一种独立检查会计账目的经济监督活动,目的在于监督被审计单位预算执行的真实性、合法性和效益性。

目前,审计监督已成为世界各国开展经济监督的重要工具。中华人民共和国成立以来,在较长一段时间内,由于实行计划经济体制,决策权高度集中,调控和监督权主要靠行政手段,审计监督没有得到应有的重视。

(二)中国的审计组织体系

我国的审计组织体系包括国家审计、社会审计和内部审计。国家审计是指国家审计机关代表国家进行的审计。社会审计是指经政府有关部门批准注册的社会审计组织,接受委托开展的审计查证和咨询服务业务。在我国审计体系中,国家审计居于主体地位。内部审计是指国家的金融机构、国有大中型企业、大型基建项目的建设单位和财务收支数额较大的国有事业单位,以及审计机关未设立派出机构的政府部门等,根

据需要设立内部审计机构和审计人员，对本单位及其下属单位的财务收支及效益进行的内部审计监督。

(三)政府预算执行审计监督

在《中华人民共和国审计法》颁布实施以前，我国审计机关财政审计业务部门一般只是对政府决算进行审计监督，而未对预算执行情况进行审计。《中华人民共和国预算法》规定：各级政府审计部门对本级各部门、各单位和下级政府的预算执行、决算实行审计监督。审计法增加了对同级预算执行情况进行审计监督的规定，也就是我们通常所说的"同级审"，即本级政府预算执行审定。

(1)预算执行审计的主体。预算执行审计的主体，只能是国家审计机关，而不能由社会审计组织或内部审计机构等独立承担，同时，也不能授权进行审计。这一主体与传统财政审计相比较，不仅包括原有的审计机构内部财政审计职能机构，还增加了相关的专业审计职能机构。

(2)预算执行的客体。预算执行审计的对象是各级政府、财税部门和其他与财政支出有联系预算的单位(行政、事业和企业单位)。监督的主要内容，不仅包括财政预算内外收支，还包括与财政收支相关联的各预算单位财务收支以及财政、税务和财务管理活动等。

(3)预算执行的依据。各级立法机构颁布的有关法律，各级主管部门依据国家规定出台的规章制度等，都是预算执行审计的依据。预算执行审计的方式以"上审下"和"同级审"相结合的方式。

二、国家审计机关的设置和权限

国家审计，是指依法设置的国家各级审计机关进行的各项审计工作。我国的审计机关，是按照各级人民政府相应职能设置的。在中央、国务院设立审计署；在县级以上地方各级人民政府设立审计机关。随着经济发展，目前不少地区在乡、镇也相继成立了审计机关。

审计机关的权限是通过法律法规加以确定的。这些权限，对于审计机关完成宪法赋予的审计监督任务是十分必要的，也是审计机关实现依法审计原则的有力保障。审计机关的权限可分为监督检查权、处理建议权、通报公布权三个方面。需要特别说明的是，审计机关可以向政府或者向社会公布审计结果，以发挥舆论监督的作用。但在向社会公布的同时应注意保守国家机密和商业机密。同时，为了保证审计依法行使监督检查和审计机关及其工作人员正确履行职责，审计法明确规定，对违法的单位和个人，包括违法的审计人员在内，要依法追究法律责任，并授权审计机关作出处理。

三、加强政府预算绩效管理审计监督的措施

（一）加强人民代表大会预算绩效监督

1. 预算绩效监督从规范化走向法制化

将预算绩效的监督与管理由规范化推进至法律层面，实现依法评价、依法管理、依法监督，体现我国预算绩效管理改革的应有逻辑，符合《法治中国建设规划（2020—2025年）》中“立法和改革相衔接相促进”“重大改革于法有据”的要求。从预算绩效监督的制度设计角度考虑，总体上需要处理好以下几方面问题。

（1）立法路径的选择

综观各国的预算绩效立法路径，存在着“以一部法律为统领”或“以一套法律框架形成集成化系统”两种选择。立足我国当前的预算绩效管理实践，围绕一部法律来构建预算绩效管理的整体法律架构更为合适。因此，首先需要考虑该法律的名称设计，这就涉及预算绩效法律与现行预算法之间的关系。预算法及其实施条例兼顾了程序法与实体法，对预算编制流程、范围、内容等做出具体要求。而拟议中的预算绩效法律既可作为程序法，对预算绩效管理的规程做出进一步规定，也可作为基于预算法之上的、面向财政问责的涵盖所有政府收支绩效管理活动的财政基本法。从我国现实出发，后者似乎更为合适。综合来看，可以考虑将之命名为“预算绩效法”（或“预算绩效与财政责任法”）。从该法律的功能定位看，这样既可以保障人民代表大会绩效监督的权威性和效力，又能够承担起预算管理的职责，提供类似于“预算宪法”的纲领性约束。

（2）繁与简的关系

从“预算绩效法”的内容构造考虑，宜简不宜繁。首先，区别于一般性的预算绩效，管理行政法规，立法重点应从预算绩效监督的功能定位、权利责任等方面提供法律遵循，而非简单的操作流程规范，因而不

宜对具体预算活动的条款规定过于烦琐。其次，应淡化“管理控制”色彩，充分体现“绩效结果”导向。尤其是在绩效监督方面，不宜过多地突出限制和惩罚性规定，而应立足于预算资金“提质增效”的根本目标，更多关注国家战略、经济社会发展层面的绩效目标实现和问责，适当设置灵活性和保护性的激励规定。最后，强调法治、共治和善治的价值诉求与现实国情的统一。“预算绩效法”应充分体现国家战略部署，对绩效监督重点领域、重点问题加以着力刻画。

（3）强化人民代表大会预算绩效管理中的监督权力

人民代表大会对政府预算的监控与问责具有合宪性和权威性，因而由其对预算绩效进行监督无疑是合乎逻辑、最为权威有效的方式。但受制于有限的操作手段，难免存在绩效监督力不从心、虚化弱化的问题。从预算绩效管理全周期的角度看，不仅需要建立起对预算编制、执行和监督全过程的规范约束，更要嵌入绩效理念，建立起涵盖绩效目标与标准制定、绩效评价与动态监控、绩效结果应用与问责等具体环节的制度规范体系。只有从法律层面保障人民代表大会监督的权威性，才能进一步落实预算绩效与预算决策挂钩的激励约束机制。

（4）适当兼顾当前的地方实践进程，改、废、释并举，平衡地方、部门现实需要，科学设置立法框架。

目前，分行业、分领域、分层级的绩效评价指标体系尚未形成全国统一规范，地方预算绩效管理改革“冷”“热”不均，实践进展不一，预算绩效法制化需求具有一定异质性。要将新思想、新办法、新工具积极稳妥地纳入法律规定，对已不适应监督需要的法规条例加快修改、废除，对法规条例的解释要更加清晰明了。

2. 从合规监督走向“全方位、全过程、全覆盖”绩效监督

着眼于新时期人民代表大会预算绩效监督的发展方向，需要加速推动预算绩效监督从合规审查向“全方位、全过程、全覆盖”转变。

（1）构建预算绩效的全方位监督格局

随着绩效理念日益深入各部门和领域，人民代表大会的预算绩效监督范围也在逐步拓展，横向将各级政府收支预算、部门整体预算、政策和项目逐步纳入绩效监督范围，纵向拓展预算绩效监督的对象，通过人民代表大会联网监督，贯通到基层预算资金的使用者。因此，一方面，拓宽绩效监督审查的内容，以政策和项目为主要抓手，向部门预算、政府

财政预算的绩效监督延伸，以转移支付为主要抓手向地方财政综合运行绩效监督延伸，最终建立切实有效的全方位绩效监督机制。审查的内容应聚焦于国家重点支出、重大投资项目等的绩效偏差，加强中期视野下的跨年度绩效比较分析，充分发挥“四本预算”的整体性效能。另一方面，进一步完善动态监督机制，借助预算联网监督系统，实现绩效数据实时、跨部门、跨省份的共享互通。对于传统纸质绩效材料进行电子化转换，利用大数据和人工智能技术，尽可能动态监控每一笔预算资金的真实运行情况，实现节点式监督向常态化实时监督的转变。

（2）打造预算绩效监督的全过程链条

从构建全过程链条的角度考虑，在事前绩效监督阶段，人民代表大会应尽早介入预算决策程序，加强绩效目标审查力度，进一步强化对绩效目标的审核力度和覆盖范围。绩效目标最重要的特征就是“提供相对固定的标的”，它充当着公共资金支出与国家战略、政策规划的衔接纽带。通过绩效目标与预算编制流程的同步推进，由人民代表大会进行绩效目标的细致审核，充分把握预算管理与绩效管理的契合性、融合性与协同性，更好地将绩效理念融入预算审批过程。

在事中绩效监督阶段，要充分跟踪资金使用情况，对预算执行进度和绩效目标实现情况实行“双监督”。预算审查过程中，受时间因素限制，人民代表大会代表对预算草案有时难以进行全面审查。这就需要既能充分把握预算收支情况和执行情况，尽可能地避免政策与预算相脱离的问题，又能充分审查预算绩效的完成情况和部门前序问题的整改情况，做好绩效运行的动态重点监控。

在事后绩效监督阶段，人民代表大会主要通过听取绩效评价结果报告进行监督。不仅要逐步规范绩效报告的形式和内容，还要保障评价主体的独立性，充分克服绩效评价结果的主观色彩。在绩效报告的基础上，对后续整改措施的绩效监督也不容忽视。

（3）建设预算绩效监督的全覆盖体系

为推动预算绩效监督全覆盖，应加强对政府性债务预算、政府性基金预算、国有资本经营预算、社会保险基金预算的审查监督，消除预算绩效监督空白，打通绩效监督“最后一公里”。对一般公共预算，要特别关注收入结构、征收效率和优惠政策，关注支出预算的资金配置效率和使用效益的监督，加强对 PPP、政府购买服务，特别是重大政策和项目的绩效监督。对其他基金预算，应重点加强政府性基金预算绩效和专项债务对财政支撑能力的监督,关注国有资本经营预算支出及效果。此外,更要关注资金是否促进区域均衡发展、是否充分考虑财政风险。

3. 构建以人民代表大会为主体的多元预算绩效监督格局

就未来改革而言,立法机构的预算绩效监督绝不会单纯依靠人民代表大会来进行,而应充分整合财政部门、审计部门、司法纪检部门等,实施联动监督。

(1)从绩效信息的源头上考虑,需要同财政部门和具体支出部门形成畅通的信息沟通与共享渠道。在人民代表大会预算绩效监督过程中,有时难以获得第一手的绩效信息,不同部门间也可能存在信息不对称的问题。因而需要尽快打破部门与部门间、上级部门与下级部门间的信息壁垒,最大限度地把握真实的预算执行绩效状况。可以考虑建立预算绩效信息大数据平台,积极探索预算绩效联网监督系统。

(2)需要充分考虑联动监督的规范程序与机制,避免操作的随意性。以事后绩效监督为例,若由审计机关对预算执行绩效偏差的后续整改进行监督,那么就可考虑设计专门的绩效审计报告,集中就上一年度的绩效调整措施和绩效改进结果进行归集。在次年的预算审批中,审计报告中的改进状况应交由人民代表大会做出评估和审查,以保证绩效问责的实现。只有将事后问责和监督结果纳入预算审批程序,并直接与预算资金分配挂钩,才能形成良好的绩效管理闭环。

(3)内外并举,完善机构建设。内部建设应更加广泛地借助专家和社会组织的力量,建立专业化、高水平的队伍。预算绩效监督是一项复杂的系统工程,要求监督主体掌握多学科知识,需要较强的综合分析能力与问题解决能力。但从目前看,有些地方人民代表大会还缺乏这方面的专门人才,监督主体的知识结构尚不能满足预算绩效监督的要求。目前,各级人民代表大会均建立了不同形式的预算审查咨询专家库,作为"外脑"提供参考咨询意见。应在此基础上,充分吸收更具学术背景的财政、金融、财务、审计等方面的专业人士,进一步丰富人民代表大会预算绩效监督专业知识体系。从外部角度,则应充分吸纳专家智库和第三方的力量,作为现代社会监督的补充形式,充分联动审计机关这一重要的外部监督主体,以绩效审计、公众满意度评价等更具靶向性的评价方法,构建以人民代表大会为主体的多元预算绩效监督格局。

(二)规范政府预算舆论监督

舆论监督是社会主义民主的重要组成部分,它通过新闻舆论工具,反映社会全体成员参政议政的愿望和行为,反映社会的不断自我完善和不断进步。舆论监督是社会对政府预算进行监督的主要方式,对于依法治国而言,具有重要意义。在我国,一切权利属于人民,人民群众享有充分的民主权利,包括进行舆论监督的权利,人民群众也是纳税人,也应享有对来源于人民的国家财政收入的活动进行监督的权利。

舆论监督的原则包括以下几个方面。

(1)人民利益原则。社会主义舆论监督实质上是人民的监督,维护人民群众的根本利益是舆论监督的出发点与归宿。

(2)平等原则。它是防范滥用舆论监督权的重要社会依据,更是健康地实施舆论监督的社会政治条件。

(3)真实性原则。实施舆论监督的新闻报道必须客观、真实,这是舆论监督得到社会认可与发挥社会效能的基本条件。

(4)法律原则。实施舆论监督必须在宪法和法律法规允许的范围内进行,同时舆论监督也受到法律的保护。

第六章

政府预算绩效管理的发展展望

我国预算绩效管理经过一段时期的探索已经进入了一个崭新的阶段。然而，由于起步较晚，与发达国家相比，我国预算绩效管理体系还不够健全，还需要对预算绩效管理的设计工作进一步完善，以促进新时代政府预算绩效管理的进一步发展。

第一节　政府预算绩效管理的改革

一、我国政府预算绩效管理改革的历程

改革开放以来，随着市场经济的逐步建立和发展，我国的政府预算绩效管理改革也开始不断推进。1982 年以来，我国共进行了 7 次大的机构改革，同时也带动了政府管理方式的变革，政府绩效管理和绩效评价应运而生。党的十六届三中全会明确提出“建立预算绩效评价体系”；党的十七届二中全会、五中全会提出“完善政府绩效评估制度”；党的十八大又提出“推进政府绩效管理”；党的十八届三中全会进一步提出要“严格绩效管理，突出责任落实，确保权责一致”。

2011 年 3 月，国务院成立了由监察部、中央组织部、中央编制办、国家发改委、财政部、人力资源和社会保障部（公务员局）、审计署、统计局、法制办等 9 个部门组成的政府绩效管理工作部际联席会议，标志着我国正式建立起了推进政府绩效管理工作的领导体制和工作机制。同年 9 月，北京市政府发布了《北京市人民政府关于做好政府绩效管理试点工作的意见》，拉开了地方政府绩效管理试点的序幕。10 月，作为“国务院机构机关工作绩效管理”试点部门之一的国家质检总局制定出台了《国家质检总局绩效管理试点工作方案》及其 6 个《配套细则》，全面启动了绩效管理试点工作。

为规范财政支出绩效评价行为，建立科学、合理的绩效评价管理体系，财政部 2011 年发布了《财政支出绩效评价管理暂行办法》（财预〔2011〕285 号）；同年又印发了《关于推进预算绩效管理的指导意见》（财预〔2011〕416 号），指出预算绩效管理是一种以支出结果为导向的预算管理模式，强化预算支出的责任和效率，要求在预算编制、执行、监督的全过程中更加关注预算资金的产出和结果，提高财政资金使用效益。2012 年，为了全面推进预算绩效管理，财政部印发了《预算绩效管理工作规划（2012—2015 年）》（财预〔2012〕396 号），提出预算绩效管理要“建立一个机制”，即“预算编制有目标、预算执行有监控、预算完成

有评价、评价结果有反馈、反馈结果有应用”的全过程预算绩效管理机制;“完善两个体系”,即完善管理制度体系和绩效评价体系;“健全三个智库”,即健全专家学者库、中介机构库和监督指导库,分建共享,动态管理,为预算绩效管理提供智力支持和制衡监督;“实施四项工程”,即扩面增点工程、重点评价工程、质量提升工程和机构应用工程。“一个机制”“两个体系”“四项工程”中都涉及绩效评价。

2014 年、2018 年,我国先后两次修订《中华人民共和国预算法》,从国家法律层面上确定了财政支出绩效评价的具体要求:一是预算编制方面,明确了绩效目标是预算编制的基本要件,财政支出绩效评价结果是安排各项预算的重要依据之一;二是财政转移支付制度方面,要建立健全专项转移支付定期评估和退出机制;三是预算执行方面,预算执行主体对预算执行结果负责,各级政府、各部门、各单位要对预算支出情况开展绩效评价;四是预决算审查方面,财政支出政策实施情况、重点支出和重大投资项目预算安排得是否适当以及预算绩效,是各级人民代表大会审查预决算的重要内容;五是决算和预决算公开方面,规定相关责任主体要报告、公开支出政策效果、重点支出和重大投资项目绩效,就是要“建立全面规范、公开透明的预算制度”。2018 年,中共中央、国务院提出了《关于全面实施预算绩效管理的意见》,聚焦预算绩效管理中存在的问题,提出了全方位、全过程、全覆盖的“三全”绩效管理,助力政府效能的进一步提升。2020 年,为全面实施预算绩效管理,建立科学、合理的项目支出绩效评价管理体系,提高财政资源配置效率和使用效益,财政部又出台了《项目支出绩效评价管理办法》(财预〔2020〕10 号),进一步充实了预算绩效管理的制度。

目前,我国各级政府部门绩效意识明显增强,预算绩效管理改革取得了显著成效。全方位管理格局初步成型、全过程管理链条基本建立、全覆盖管理体系不断完善。与此同时,各地绩效管理的发展程度和执行效果也存在明显不足和较大差异,还需进一步以政府管理提质增效为核心,坚持问题和目标导向,夯实制度基础、完善管理流程、优化绩效评价、强化奖惩措施,提升财政资源配置效率和使用效益。

二、当前政府预算绩效管理改革的背景

(一)新公共管理环境的影响

近年来,国内公共开支增加,政府以服务为导向的做法日益转变,预算管理更加国际化。公共受托责任理论指出,政府是提供公共商品的主要主体,因此它具有履行公共行政的职能。在政府支出增加和国家经济资源增加的情况下,立法机构和公众必须向行政部门提出更多要求,以确保所投资和管理的公共资源得到有效利用,并提高业务管理的效率和效力。

(二)财税体制日趋成熟

我国现行的预算管理体制以财政支出为核心、以行政管理和财务监督为辅助,并在一定程度上兼顾经济效益与社会效益的双重目标。2018年中共中央、国务院印发的《关于全面实施预算绩效管理的意见》以及2020年公布施行的《中华人民共和国预算法实施条例》都在规范预算管理、增强预算编制和执行的科学性、深化分税制改革等方面发挥了重要作用。

(三)财政支出结构仍不够合理

财政支出的项目和类型是当前我国政府预算支出结构中不合理的主要表现形态,因此,在当前的政府预算管理中,已经明确规定和界定了预算支出的内容和范围。尽管如此,由于缺乏一定的法制化途径,加上预算实际管理方面存在的漏洞以及预算具体执行过程中的个体理解偏差,政府财政资金的使用效率仍需不断改进。

三、新时期政府预算绩效管理改革的对策建议

(一)宏观绩效管理贯穿资源配置及资金使用

首先,宏观绩效应贯穿于整个公共事务决策过程和公共产品供应过程中,也就是说应该涵盖公共产品和服务的整个生命周期。同时,效率管理应被整合到政府财政资源配置以及资金运用的全过程。

其次,与市场在资源分配中的决定性作用相比,迫切需要加强预算

在公共资源分配中的关键作用，以期提高宏观经济的有效性及资源配置效率。

最后，必须从宏观经济角度制定有效管理的过程和优先事项，以确定财政政策的总体方向和强度；制定具体的法规政策，确定具体项目以及项目群中使用、分配、控制资金的统一标准。

（二）“四本预算”的定量与细化

首先，加强“四本预算”的总覆盖，为整个过程建立封闭循环系统，细化整个过程的管理链。研究制定《事前绩效评估管理办法》来评估“事前”绩效。

其次，加强绩效目标管理，为“绩效管理”建立一个系统的、明确的管理标准。

再次，加强运行性能监测。一方面，为实施中的评估设置“双重监测”，积极引入第三方评估。另一方面，加强整个范围的闭环监控系统的建设。

最后，我们要对“全口径预算”的绩效进行评估。积极扩展性能评估范围，确保所有系统和政策的有效功能。

同时，也应改进绩效管理评估体系，为提高预算绩效评价的质量和效率，适时对评价考核方法进行修改。

（三）宏观管理与微观管理并重

首先，全面实施经济、社会、环境等维度的政府预算绩效管理，实现政府绩效管理的整体化格局，关注从效益点到更高层次的风险理念，关心宏观绩效。

其次，启动基于绩效的整体成本控制试验，逐步实现绝对覆盖。通过绩效目标和指标体系以及指导部门的联动机制，来提高绩效能力。

再次，建立绩效目标和差异化指标体系，尤其根据部门的不同特点，设计和优化技术性指标。

最后，转向未来风险的“全成本”预算绩效控制，使用全成本能力分析报告来展示项目运营的“全部价值”。

（四）预测能力及人才培养提升策略

首先，大力加强预算绩效管理领域各级、各部门人才培养，采用强化培训、“传帮带”等多种方式建设人才队伍。

其次，健全和完善第三方机构的遴选与委托，引进并委托具有专业评估资格、专业知识和能力的第三方机构来实施绩效评估。

再次，牢牢领会“综合预算绩效管理实质上就是全面风险管理”的本质，大力加强各级、各部门绩效管理能力建设预测。要结合现代信息技术的应用和促进人才培养，积极开发定量预测模型。

最后，对于落实地方政府债务管理和防范隐性债务风险，以及“两新一重”“直达资金”和改善民生密切相关的社会保障基金绩效管理，可以优先进行考核和及时推广论证。

（五）政府绩效管理制度的一体化及问责监督机制

首先，要建立一个动态监测核心财务活动综合业绩的系统。在应用技术加绩效加管理的方式上，还应完全厘清财政部门监管责任和绩效管理主体责任的边界，强化动态监控系统全覆盖。充分发挥政府主体的协调作用，以此促进公共资源的最佳配置。

其次，完善预算绩效的一体化监管体系。各领域建立和完善业务流程、产业层次，并支持改革和创新的理念，优化分工和协调有关实体之间分工与协同（叠加和协调）的关系，提高预算管理现代化水平。

第二节　政府预算绩效管理的信息化发展

绩效信息是预算绩效管理的重要对象，也是保障预算绩效水平的核心载体。预算绩效管理客观上需要建立健全预算绩效信息管理制度，确保准确、及时、全面地获取各类绩效信息。

一、预算绩效信息的类别与管理

（一）预算绩效信息的分类

在绩效管理过程中，基本运用两类信息：项目信息和资源信息。项目信息包括战略计划、年度计划、项目计划及目标等信息。资源信息包括人事、财务和财产等。具体有：成本信息，如投入产出信息；产出规模；投入产出比。结果信息，如社会效益等。从层次上看，上述这些信息分属于不同层面：第一层是战略计划信息和项目制定信息；第二层是经营计划；第三层是执行和控制；第四层是相对常规的业务，如职员工薪、还本付息等。预算绩效管理环节及信息内容如图 6-1 所示。

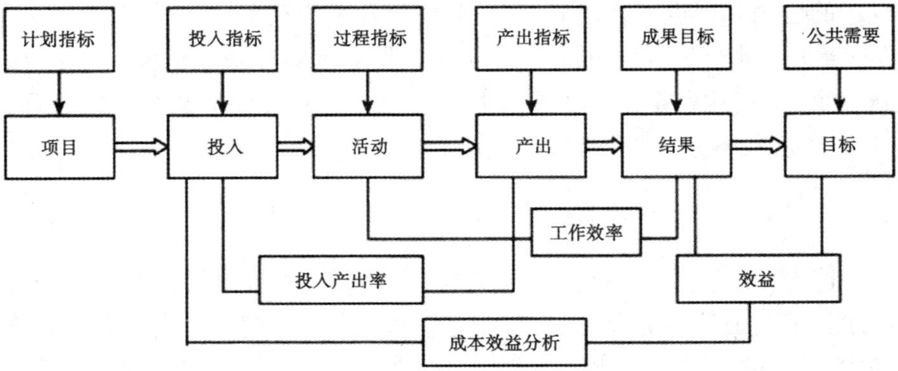

图 6-1　预算绩效管理环节及信息内容①

（二）预算绩效信息的需求与供给

预算绩效信息的需求者，主要来自政府内部和外部两个方面。内部需求者有政府项目管理、财政管理、监察监督等相关人员；外部需求者有立法机关、审计、公众与媒体等。立法机关等权力机关使用绩效信息评价政府对资源的管理情况、遵守法令和其他授权情况、政府的财务状况和主要业绩；政府项目管理、财政管理及监察监督人员通过了解有关行为体的财务状况、项目进展情况等，以便于及时决策、适时调整与有效管理；公众和媒体，包括纳税人、选举人、政府提供商品或劳务的受惠人等，他们关心政府怎样使用当年及以前年度收到的资源的信息，关心政府相关部门是否高水平地使用政府财政收入（见表 6-1）。

① 马洪范 . 财政与国家治理系列丛书建立全过程预算绩效管理体系 [M]. 北京：经济科学出版社，2018.

表 6-1　预算绩效信息的需求者及其要求

信息需求者	目的	特点
立法机关	检查已通过预算的执行情况	需要关于收入、支出及融资趋势的定期报告
	获取有关将来所需立法情况的信息	需要定期获得一套健全的财务指标
	对经济中可能的重大发展保持了解	已获批准的新政策和拨款的其他数据
	提供流向每个选区的具体利益情况的信息	完整的会计记录
公众	在选举时作为对政府业绩评价的依据	需要政府财政状况的定期报告
	运用政府运行状况的信息作为个人决策的依据	需要任何经济中即将发生重大变化的信息
媒体	报道政府的各种言论和活动	媒体强调与读者的友好接近
	评价政府及经济的运行状况	喜欢分类数据
	需要综合、可靠的数据，供媒体作独立调查	报道题目倾向于覆盖更大的范围
财政机构	预测与管理收入	依据相关信息做出决策
	预测与管理支出	数据必须综合、细致与及时
	预测与管理债务	不是支出机关提供的所有细节都有用
	促进经济发展	
支出部门	负责编制原始账目	政府财政管理工作的一部分
	检查预算执行以分清迟收和延付	每个支出部门都需要一个内部管理信息系统
	进行现金预测	适时检查与调整有关政策的执行
	审慎管理与运用预算经费	
审计	年内审计	包含范围广泛、过程中每一步骤都需详细数据
	年末审计	

信息供给是信息需求的前提与基础。预算绩效信息供给的主体是使用政府预算资金的支出部门、预算单位及财政管理机构等。预算绩效信息的供给方与需求者如图 6-2 所示。

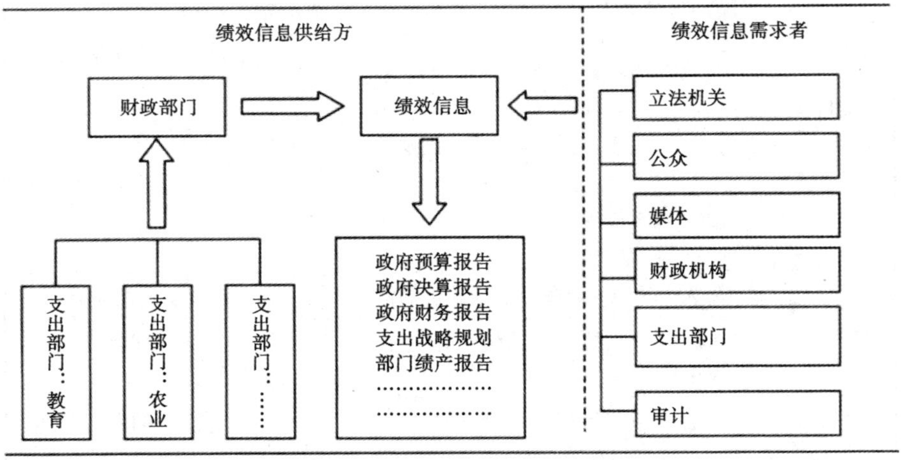

图 6-2　预算绩效信息的供给方与需求者[①]

首先，绩效信息的有效供给，需要建立科学、合理的制度安排，并受供给成本约束、信息处理能力约束。第一，经济制度决定绩效信息的供给，比如，计划经济制度所需要的预算信息，就不同于市场经济制度下所要求的预算信息；不同的会计制度和准则产生不同的会计信息，如基于收付实现制会计基础的绩效信息，不同于按照权责发生制会计基础产生的绩效信息。第二，社会政策影响和制约绩效信息供给。如强化社会保障的政策导向，容易引起政府及公众对这方面绩效信息的关注。

其次，绩效信息的有效供给，还取决于供给成本与信息处理能力的大小。第一，绩效信息供给会发生一定的费用，如政府预算和会计制度以及政府会计准则的制定成本、实施成本，会计人员的工资、福利和奖金，媒体公告费用，收集信息费用，听证费用等。当然，绩效信息的取得与公布，也会对政府部门及其预算单位产生积极的效益，但有大有小，可能是长期效益，也可能是短期效益；可能是有形效益，也可能是无形效益。如果收益小于成本的话，加之信息供给带来的立法机关、审计部

① 马洪范．财政与国家治理系列丛书建立全过程预算绩效管理体系[M].北京：经济科学出版社，2018.

门、上级部门、财政管理机构，以及社会公众对政府预算管理与执行的监督，政府部门、预算单位或财政机关就没有动力去积极地供给绩效信息。第二，绩效信息供给受到信息处理能力的严格约束，好的信息供给制度也要依赖于较高的信息处理能力来落到实处，信息处理能力低必然导致绩效信息供给水平低，甚至有些关键的绩效信息无法获取或显示。

根据绩效信息供给与需求的结合方式，绩效预算信息的管理模式可以划分为 3 种类型：第一，黑箱型，即将绩效信息供给限制在一个较小的范围内，常常是局限于本部门或预算单位或政府体系内部，无法满足立法机关、公众或媒体的信息需要；第二，问责型，即基于绩效信息的实际情况对相关行为主体建立严格的问责机制，严格依法进行奖励或惩罚；第三，民主型，即依法将绩效信息面向公众及时公开，绩效预算参与性极强，实行阳光化的管理。现实中，上述三种类型并非截然分开，而可能是不同程度的结合或融合。在一个国家的不同的发展阶段，实行的模式与融合的程度都可能有些差异，但是打破黑箱状态，走向问责与民主，是绩效信息管理与应用的基本趋势。

二、预算绩效管理的信息约束

（一）信息不完全

政府预算绩效管理通过有目的的预算规划、行之有效的评价和激励约束机制，将政府责任、效率和公正以透明的方式表达出来，并不断加以改进。从实践角度看，政府预算绩效管理体系要求及时掌握政府各部门应该和可能做到什么、做到何种程度、什么时候完成等，并依据这些信息参照政府部门的绩效目标，对部门行为进行有效监督。离开了这些信息，政府预算绩效管理便成了无源之水、无本之木。

但就一般而言，信息更多的只是一种解释。实际上，没有人能够洞悉一切，也不可能每个人都有相同的认识。此外，获取信息往往是一项成本很昂贵的活动，由于信息不充分、信息不对称等客观现象的存在，现实中很难获取到政府预算绩效管理所需要的充分的信息。所以，信息不完全从根本上制约着信息功能作用的有效发挥，也不完全制约着政府预算绩效管理活动的顺利开展。

（二）信息沟通不畅

西蒙认为："信息沟通是一个组织成员向另一个成员传递决策前提的过程。"[①]也就是说，信息沟通是一个双向过程：既包括向决策中心传递命令、建议和情报，也包含把决策从决策中心传递到组织的其他部门。良好的信息沟通对于绩效预算的重要性，是不言而喻的，然而，找出有用的信息并应用于绩效预算管理中，常常是非常困难的。由于信息不可能从其产生处自动传递到相关管理或执行主体，它必须依赖于人来传递。因而，信息在传递过程中，常常面临信息阻碍与信息扭曲等问题。

比如，信息在传递过程中常常遭到相关管理主体的压缩，而这个压缩过程往往要对信息进行过滤。因为相关行为体倾向于传递好消息，压制坏消息。这种做法不仅破坏了信息沟通，而且可能因阻止一些问题的初期征兆而导致巨大灾祸。经验告诉我们，组织规模越大，其内部行政所需的努力和花费就越大，信息失真的可能性也越大。也就是说，一个管理范围狭窄、机构精简的地方政府更有可能掌握较为确切的信息。

信息扭曲还与不确定性吸收有关。所谓不确定性吸收，是指经过层层传递，原本被收集者认为是假设的、不确定的以及薄弱的信息，通过逐级往上呈送后，逐渐成为最终的、确定的以及牢靠的信息。原始信息的不确定性，被不同的决策或管理层所吸收，最终导致信息的扭曲。

信息传递中的扭曲和阻碍还与信息收集者和决策者的价值判断和偏好等因素有关。例如，有些行为主体为了支持自己所偏好的决策选择，其信息收集和分析工作时便可能围绕着有利于该决策的通过而展开，有意或无意地忽略了对该决策不利的一些客观信息。有时，管理人员的专业训练也会使他们在选择信息时持有某种偏好。比如，具有工程背景的决策者可能对工程方面的信息更感兴趣，并更倾向于传递这方面的信息。

---

① 赫伯特 A. 西蒙．管理行为[M]. 詹正茂，译．北京：机械工业出版社，2013.

（三）反馈过度

所谓反馈过度，是指在负反馈调节系统中，控制装置接到信息后，每次都做出了过头的调节，从而形成振荡，这种现象被称为反馈过度。在政府预算管理中，基于负反馈控制系统可以对预算收支进行及时调控，如果调控精确度不够，尤其是出现过度调控时，就会发生上述振荡现象，而无法起到纠错校正的作用。例如，有些公共行政政策对某些部门有利，某些部门就会有积极性去履行，反之，如果对某些部门不是太有利，某些部门的积极性就会大为降低。只有设定既要调动某些部门有效履行职能的积极性，又要抑制过分行政的不良冲动，才算是达到成功的负反馈控制的目的，否则，都属于反馈过度。反馈过度是绩效信息管理系统务必戒除的一类现象。

三、构建预算绩效管理信息系统与平台

（一）系统和平台整体架构与服务

政府预算绩效管理信息平台通过“预算—财务—项目—社会监督”的架构，能有效实现预算绩效管理的融合，同时对预算绩效的目标、监控、评价、反馈、应用等均具有重要意义。

1. 系统与平台整体架构

预算绩效管理信息系统与平台引入上海先进管理理念及全国优秀实践经验，依托多年研究成果精心设计，提供了精细化的流程管理、规范化的表单样式、人性化的帮助提示、智能化的案例复用、科学化的指标体系推荐，打造了一体化的分析模型，为第三方机构、绩效从业人员和专家提供了便捷的系统工具。

预算绩效管理信息系统与平台主要包括内网应用和外网（互联网）应用两个部分，整个系统与平台整体架构如图 6-3 所示。

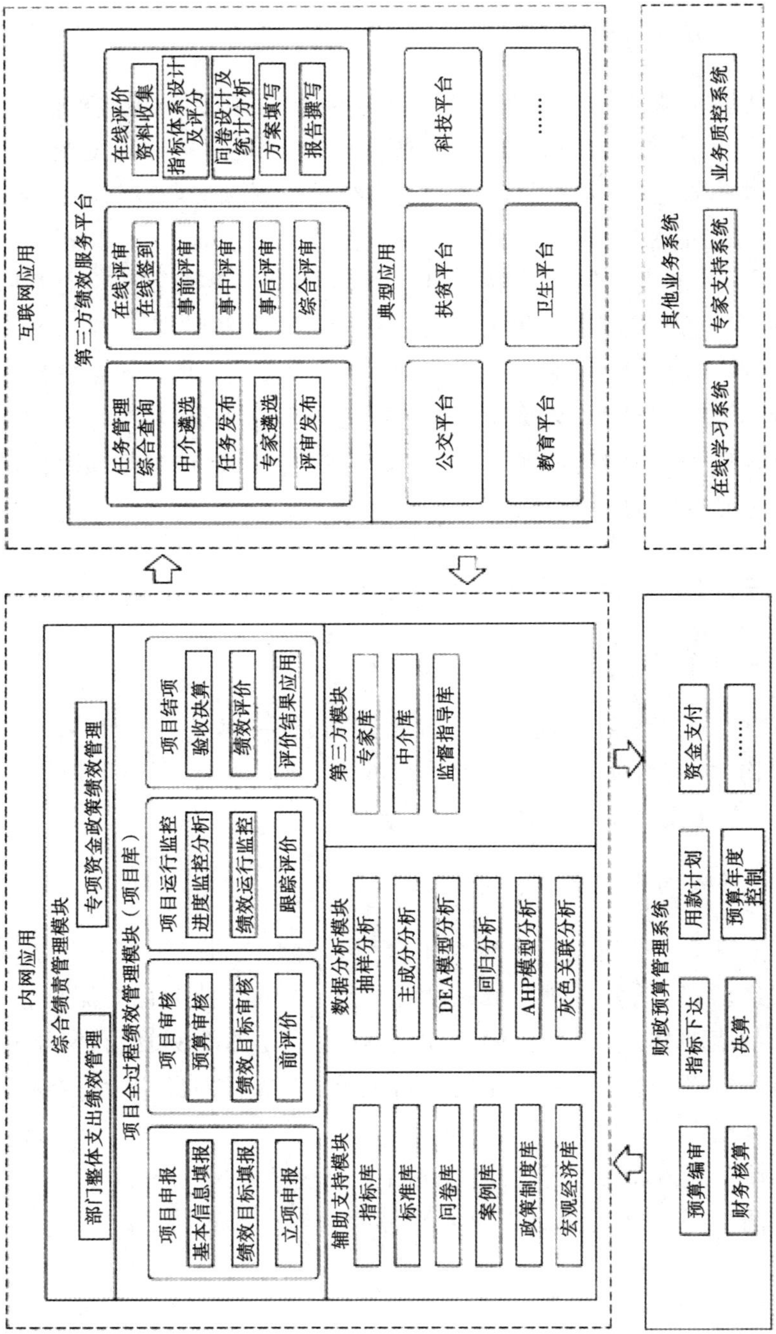

图 6-3　预算绩效管理信息系统与平台整体架构[①]

---

①　刘国永，李文思，王萌．全面实施预算绩效管理实践指导[M]．镇江：江苏大学出版社，2019.

2. 系统与平台使用对象

预算绩效管理信息系统与平台是面向包括财政部门、预算主管部门、预算单位、第三方机构、绩效从业人员、专家、质控师等相关单位和个人在内的专业化绩效管理工具，可以实现在线自评价、重点评价、再评价、绩效在线学习、专家评审等一系列工作。

系统与平台借助互联网，可实现内外网统一。内网项目主要为财政部门以及预算部门（单位）提供项目的自我评估服务，通过对项目执行情况的监控实现绩效内部评价管理。外网项目主要为评价机构提供在线评价服务，为专家提供在线评审、从业人员提供绩效培训、项目单位提供质量控制等的服务。

另外，收集、更新和分发项目的信息，有利于内网和外网之间的数据交换，以此优化传统绩效评估模式。同时，通过信息技术，创建执行评价过程的标准化规范，确保符合每个项目的评价标准，过程一致；另外，还要确保每次绩效评估的质量在控制范围内，以利提高预算绩效评估的客观性和标准化。

3. 内网服务内容

内网主要面向财政部门和各预算部门（单位），为其提供项目库管理、绩效目标管理、绩效运行监控和自评服务。

（1）项目库管理

项目库由财政部门和各部门各单位设立。项目库管理是对申请预算的项目进行的规范化、程序化管理，应符合综合预算、科学论证、合理排序、全流程管理及追踪问效等原则。操作方案包括建立基层预算单位、主管部门和财政部门三级滚动项目库，旨在对预算和执行计划的细节进行全面评估，以及评估兼容性和应用项目的合理性。

（2）绩效目标管理

预算支出绩效目标指的是绩效评价的对象（如某个项目）计划在一定期限内达到的产出和效果。一般在进行项目申报时，同时填报项目的绩效目标。绩效目标管理，旨在通过目标加强预算的合理性，通过目标与预算匹配性的分析、目标与工作内容的匹配性分析，明确支出责任，这是预算绩效管理工作的起点与核心，也是绩效运行监控后评价的重要对照依据。

部门整体支出绩效目标则以部门基本支出和项目支出为基础,围绕部门职能和年度工作计划,科学确定部门需要达成的整体产出和效果。通过从业务逻辑层级上梳理部门职能职责—部门活动—部门项目—项目指标的关系,实现上述钩稽关系的部门绩效目标申报和后续业务体系管理。

(3)绩效运行监控

在预算执行和项目实施中,预算单位不仅要持续地监控项目各项活动,特别是预算执行、财务管理和项目进度等核心情况,同时,还要对照初期目标达成情况进行评估,并根据实际情况调整执行方案及相应的目标。

绩效运行监控模块可以实现绩效信息的定期采集和汇总分析,辅助预测年度绩效目标完成的可能性,为预算和执行方案调整提供依据,并根据需要可生成项目绩效运行监控报告。

(4)绩效自评管理

项目完成后,政府预算主体将按照监督和分控操作项目实践对项目的完成情况进行自我评估,这些实践可以分为项目成本能力评估和总成本能力评估。根据指数的权重,以及指标评分公式等计算出指标得分情况,生成项目总分和评估结论,最终创建自动自我评估报告。

4. 外网服务内容

外网(互联网)主要面向第三方机构、绩效从业者、专家和质控人员,主要提供评价服务、学习服务和质控服务。具体来说,第三方机构主要受财政或预算部门委托,提供预算绩效管理业务辅导、开展重点项目绩效评价和承接课题研究;绩效从业者在平台上进行体系化课程学习,按照课程考试和职业认证;专家主要参与项目支出前评审、绩效运行监控、部门整体支出、专项资金政策和项目绩效评价等多种类型的工作方案及报告评审;质控师则为项目单位提供理论指导、培训、咨询与业务质控支持等服务。

(1)评价服务

根据评价需要,第三方机构均可在平台上开展相应工作。平台提供评价所需要的信息采集、指标和标准体系、问卷设计调查、数据分析、智能评分和报告生成等功能。外网将产品与服务相融合,可提供经过研究和实践检验的评价指标体系、模板,还可实现问卷的在线调研、报告结论的智能生成与分析，收集各类评价信息，满足政府与中介撮合需求；从服务角度，支持重点项目、联动项目和区域评价多种模式，帮助评价方进行报告分析和分报告向总报告的合并。平台使中介机构评价与专家质控变得更加简单易行，并且在后台为各个相关方提供了有效监控项目质量的渠道。

（2）学习服务

通过多年项目经验积累，平台形成分地区、分行业的绩效指标库、评价标准库、政策库、文献库、案例库、专家库和中介机构库，同时融合多年行业资源，为行业从业人员提供线上绩效行业深度学习体系，并通过线上等级考试对从业者进行对应能力认证。

（3）质控服务

平台使用机构如果需要专业人员或专家指导，可在平台发起质控申请，根据项目特性选择质控师，由平台按照双方需求完成智能匹配或主动选择，按照线上标准质控流程，将质控意见反馈给需求方，并在线上完成支付及发票开具工作。平台全程对双方权益进行保障，丰富线上交流渠道，保障质控质量和质控效率。同时，根据质控方需求，可以联合开展质控服务。

5. 系统与平台应用场景

评价机构可以在线承接预算绩效管理业务，包括绩效前评价、绩效运行监控、绩效评价，以及部门整体支出绩效评价、政策评价等工作，评价方通过平台完成工作方案和报告的撰写。专家通过平台可随时完成方案和报告的评审。平台的应用规范了第三方参与绩效管理的服务行为，简化了工作程序，提高了工作质量和效率。

（1）绩效目标管理应用

通过预算绩效管理信息系统与平台，可有效开展项目支出绩效目标申报、审核、结果应用等工作。

借助预算绩效管理信息系统与平台，预算单位可进行《绩效目标申报表》的网上填写，包括项目的总体概况、绩效目标，以及工作程序和制度保障等。其中，项目的基本信息和预算明细通过与项目库管理系统和预算管理系统对接获取。根据预算项目资金用途、管理要素的不同，系统会科学、系统地设定项目的分类体系，如按照资金用途分类设计投入管理类、产出类的共性指标；按照支出功能科目设计需要的个性指标。

预算单位在填报绩效目标时可根据项目分类选用系统推荐的指标，此外，为方便预算单位申报项目绩效目标，系统配备了指标库、标准库和案例库，供系统使用者进行指标的挑选和调用。其中，指标库的内容涵盖了《政府财政支出功能分类科目》中绝大部分科目，并提供了各指标的推荐目标值和业绩值计算公式等。

针对绩效目标审核，系统提供3种不同的审核方法，供具有不同管理要求的项目使用。其中，针对资金量较小、业务简单的经常性项目，提供一般审核模板及功能，同时提供批量审核功能；针对新增项目或者资金量较大的项目，提供重点审核模板及功能，从目标的完整性、相关性、适当性、全面性角度对目标进行审核；对于资金量大的重点民生项目可采用项目等级评价工具（Program Assessment Rating Tool，PAPT）论证评审。

（2）绩效前评价应用

通过预算绩效管理信息系统与平台中的项目审核评价工具（PART），财政部门和预算主管部门可以对预算单位申报的项目开展绩效前评价，并根据评价结果对项目进行竞争性排序和遴选，评价结果反馈至项目库和预算系统中，应用于本年度预算安排。

项目审核评价工具（PART）根据不同项目类别的特性，提供从项目立项、资金安排、项目管理和项目绩效4个角度设计的若干套评价问题。每套问题内容包括若干问题的名称、问题的解释、审核的标准和审核的细则等。系统中的项目等级评价工具（PART）使同类的项目具备统一、科学的审核路径，杜绝人为主观评判的情况，也为项目的横向比较及竞争性排序提供基础。

对于委托第三方开展的重大项目支出绩效前评价，系统具备重点评价的管理功能和分类的评价模板管理功能。在系统中介库中遴选评选机构，并将委托信息和项目相关资料发布到外网平台中，由第三方中介在外网平台中继续完成评价工作的实施；同时，在系统专家库中选择评审专家，并将评审信息和项目相关材料发布到外网平台，由专家远程开展方案和报告的论证。第三方机构的评价材料和专家的评审结果同步更新到系统中，供随时查阅。

（3）项目支出绩效运行监控

在预算绩效管理信息系统与平台中，预算主管部门或预算单位可以对项目进行多次绩效运行监控。预算绩效管理系统中的绩效监控调节器会多路径采集绩效运行信息，通过组合项目的当前性能和进度目标并提供项目中现有问题进行警告，自动实现项目绩效目标的预警。

财政部门可以在系统中对运行监控结论进行动态查询分析，了解预算执行和项目的运行情况。

系统采用专业化的表样设计，并与国库支付、财务管理、业务管理等系统进行对接完成相关数据采集。系统对跟踪期的绩效成本与财务管理、项目开展等核心指标的目标值进行对比分析。一旦偏差度较大，系统将自动发出通知，提醒相关部门关注该项目，发挥警示作用，而且，通过跟踪数据分析，该系统可以辅助预测年度绩效目标的完成可能性。根据该项目的实际发展和跟踪结论，单位提出项目的整改意见，包括执行方案、预算及相应的目标调整建议，然后主管部门和财务部门将进行审查和认证。绩效运行监控的结论将反馈至预算管理系统、项目库管理系统，为预算和项目调整提供依据和支撑。

（4）项目支出绩效评价应用

预算部门（单位）可以通过预算绩效管理信息系统与平台开展项目支出绩效自评。自评主要采取向导模式，通过基于项目分类形成的多套自评模板来开展。预算单位只需简单填写每张表中必要的基础数据，系统就会根据绩效目标完成情况自动评分生成自评报告。财政部门可以随时查看单位自评情况并进行汇总。

自评中的评价指标直接引自目标申报和绩效运行监控阶段的内容，系统会自动根据项目的不同类型推荐指标体系模块的权重，同时提供层次分析法（The Analytic Hierarchy Process，AHP）进一步完善各指标的权重分配。通过系统指标库提供的评价指标，其业绩值计算公式和评分公式均已预设完成。而对于新增指标，系统则提供了多个常见业绩值计算和评分公式供选择参考。预算、决算、财务数据通过和相关信息系统对接完成采集，预算单位只需录入指标业绩值等相关业务数据，系统将自动计算出指标得分情况，并形成项目总分和评价结论。系统可以根据指标评分结果开展相应的绩效分析，并辅助提供改进措施建议，最后自动生成自评报告。

对于委托第三方开展的重点项目支出绩效评价，系统具备重点评价的管理功能。在系统中介库中遴选评选机构，并将委托信息和项目相关资料发布到外网平台中，由第三方中介在外网平台中继续完成评价工作的实施；同时，在系统专家库中选择评审专家，并将评审信息和项目相关材料发布到外网平台，由专家远程开展方案和报告的论证。第三方机构的评价材料和专家的评审结果可同步更新到系统中，供随时查阅。

根据评价结论，相关管理部门在系统中开展项目的对比分析，下达整改意见，并将评价结果反馈到项目库系统和预算管理系统，供下一年预算安排做参考。

（5）部门整体支出绩效评价应用

预算绩效管理信息系统与平台设计具备部门整体支出绩效目标管理和绩效评价管理两大核心功能，可支持部门整体支出绩效管理工作的开展。借助预算绩效管理信息系统，预算单位可以完成《部门整体支出绩效目标申报表》的在线填报工作，包括部门概况、部门发展规划及部门整体支出绩效目标等。部门的预算、项目等数据通过与预算管理系统对接获取。部门整体支出绩效指标的设计可借助系统配置的指标库、标准库进行设计。

预算单位可通过系统中的部门整体支出绩效评价管理模块对指标进行评分，完成部门整体支出绩效自评价。自评价主要采取向导式的模式，部门的预/决算、财务等数据通过与预算管理系统、决算系统对接获取，项目执行情况从项目支出绩效评价处采集，预算单位只要补充填写表单中的部分基础数据，系统会自动评分生成自评价报告。对于委托第三方开展的重点部门整体支出绩效评价，系统提供重点评价的管理功能和评价模板，具体功能和操作流程与项目支出绩效评价相同。

基于评价结果，系统协助开展部门绩效的横向、纵向对比，为形成整改意见及落实提供参考。

（二）预算绩效管理系统（内网）的作用及功能

预算绩效管理信息系统（内网）通过加强预算绩效管理的顶层设计，以绩效指标体系和项目管理为基础，全面掌握项目绩效信息；借助专业分析模型和实用分析工具，通过信息技术提高整体的预算绩效管理水平和效率，为科学、高效、规范、经济地开展绩效管理工作提供解决方案。

以下将重点介绍项目库管理与绩效目标管理、绩效运行监控管理及绩效自评管理，说明如何应用预算绩效管理系统在内网开展工作。

1. 项目库管理与绩效目标管理

绩效目标管理系统功能包括项目申报和项目评审功能，项目库管理则在绩效目标管理的基础功能上得到了进一步丰富。系统功能包括项目前评价、项目申报、主管部门审批、财政部门项目评审排序、评审中心评审、部门预算批复等部分。根据项目管理的要求，预算单位申报项目，并通过逐级审核功能对项目进行审批，实现项目的分类、分级和滚动管理。绩效目标管理模块实现项目绩效目标的填报和审核。

除项目的申报外，预算部(单位)还必须提交项目和预算实施计划，此外，设置各指标阶段的目标值，管理系统通过工作流配置项目审核流程，以提醒和操作事务。

绩效前评价是从项目绩效的本身出发，综合考虑项目立项、预算明细、绩效目标、项目管理等要素，对项目的合法性、合规性、合理性进行评价，评价的结果作为项目竞争性排序和遴选的重要依据。绩效前评价模块实现项目绩效前评价信息的采集和评价结果进行竞争性排序。

2. 绩效运行监控管理

绩效运行监控工作实施中，预算单位不仅要持续监控项目各项活动的进展情况，同时还要监测和评估项目达到预期结果的可能性。

目前，绩效运行监控工作在系统中分为分阶段跟踪和自主跟踪两种。

(1)分阶段跟踪，是按照目标申报阶段提交的执行计划对阶段性目标进行跟踪，如项目启动阶段、采购阶段、实施阶段。

(2)自主跟踪，是根据管理要求，按一定周期(季或月)或项目开展的任意阶段，动态采集数据并实时监控。系统提供对项目绩效不限次数的跟踪，根据管理权限，系统可以将预算单位、主管单位、财政部门在系统中进行关联，实现线上任务下达、填报、审核等流程。

①跟踪任务下达：由财政绩效科室或分管绩效管理工作科室下达跟踪任务至预算单位。

②预算单位填报：预算单位根据下达的跟踪任务要求，填报相关信息，填报完成后提交至主管部门。

③主管部门审核：对预算单位提交的绩效运行监控信息进行预审，填写审核意见，审核通过后上报至财政对口业务科室。

④财政对口业务科室审核：对主管部门预审通过的绩效运行监控信息进行审核，填写审核意见，审核通过上报至财政绩效科室。

⑤财政绩效科室审核：结合主管部门及对口业务科室的审核意见，

对跟踪填报内容进行终审，填写审核意见。审核通过即绩效运行监控填报流程结束。若其中任一环节审核不通过，均退回到预算单位进行修改并重新上报。

按照现行各级财政对绩效运行监控的要求，目前，绩效监控主要包含以下四大模块。

（1）绩效目标确认模块：主要是对项目单位前期提交的绩效目标进行确认，保证整个指标体系的完整性，并对监控时段内能进行跟踪的指标进行确认。在系统中需按照实际情况进行跟踪时段、确认前后指标和目标值等信息的填报，以保证后续流程的开展。

（2）资金安排使用情况模块：主要用来考察项目开展中预算金额的安排、到位情况和使用情况。需用户自行填写“二级构成名称”“预算情况”“资金到位情况”“实际支出情况”，填完系统自动计算得出“预算执行率”。此模块在实施过程中可以与预算系统进行对接，将预算信息关联至绩效运行监控过程中，实现对“双监控”中“预算执行进度”的监控。

（3）绩效完成情况分析模块：主要是对跟踪阶段各个指标完成情况进行说明。用户需根据工作计划确立每个指标在这个阶段是否需要跟踪，然后通过设置跟踪阶段的目标值，并采集当前完成的实际值，系统根据“跟踪目标值”和“实际值”的比较，自动计算出偏差率，从而估算项目完成的可能性，汇总到绩效运行监控意见反馈表中。

（4）绩效运行监控综合意见反馈模块：根据绩效完成情况分析表的结果，将指标分为“完成较好的指标”和“可能存在问题的指标”，并且对应指标的完成情况自动得出分项结论与总体结论。预算单位或第三方中介需要根据系统的判断结果录入相应的建议和改进措施，完成线上绩效运行监控。

此外，通过多年的拓展研究，目前已形成了系统灵活应用，即“三步走”绩效监控方法。

（1）形成绩效检查单。在跟踪阶段通过用户填报指标基础要素，系统自动生成检查结果，检查结果将项目目标偏差情况进行列示，形同体检过程中的“各项健康指标”，预算单位根据对应“健康指标”进行后续工作开展。针对无偏差的项目，直接系统中通过；针对部分指标有偏差的，形成绩效诊断表；针对跟踪指标存在重大问题的，形成绩效分析报告。

（2）绩效诊断表。对在绩效检查单出具过程中存在一定问题的项目开展的进一步跟踪，借助人工判断及分析，判断出造成绩效运行监控偏差的主要问题及原因，并提供改进方向，促使项目开展回到正常轨道。

（3）绩效分析报告。对在绩效检查单出具过程中发现项目存在重大问题时开展的工作，通过人工介入，对项目进行深度取数及分析，形成绩效运行监控报告，以便预算单位及其他预算绩效管理主体能够明确、清楚地知悉项目具体的问题、造成对应问题的具体原因，以及如何对存在的问题进行纠正等内容。

3. 绩效自评管理

项目完成后，先由下级预算单位根据项目的监测和执行情况，对项目的完成情况进行自我的评价。

自我执行评估是管理预算实践的重要组成部分，旨在解决资金使用结束后的问责制实践问题。自我评估是最终的绩效评估。原则上，进行过目标申报和绩效评估的项目都应该进行自我评估。

（三）预算绩效管理平台（外网）的功能及作用

第三方绩效管理服务平台（外网）是集工具平台、学习平台和专家平台于一体的综合服务互联网平台。绩效工具平台提供包括各类评价功能并生成评价报告，支持区域和分行业数据汇总并形成汇总结论，继而生成区域和行业的绩效评价报告；学习平台致力于打造绩效行业独有的深度学习体系，全程记录学习者的学习情况、实践经验并形成个人绩效简历，解决行业人才稀缺问题和无完善的学习体系问题；专家平台旨在打造线上专家库，撮合全国专家进行项目评审及专业咨询服务。同时，评审系统遵循“随机抽取、利益回避、专业吻合”的原则，统一从专家库中抽取产生，并可开展线上视频评审业务。

通过外网平台，规范标准评价流程管理，提供规范的资料模板、规范的指标体系框架及基础表模板，定制规范的方案和报告框架，并给予条目细化的帮助提示。同时，引入涵盖各行业、各类型项目的案例和各行业、各类型的标准问卷，提供多维度的项目分类，将项目评价指标、问卷和项目案例纳入专家库统一管理。此外，平台提供多种前沿评分公式模型和问卷样本量计算模型，可视化呈现分析结果。

以下将重点介绍说明如何应用第三方绩效管理服务平台(外网)开展第三方绩效评价,通过外网进行全过程管理,具体操作如图6-4所示。

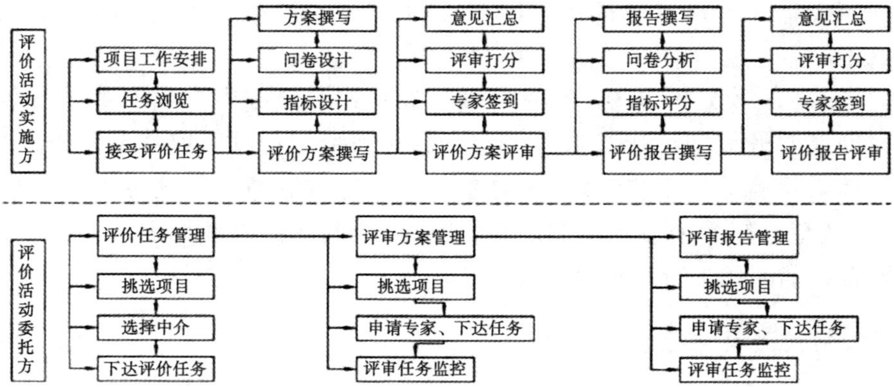

图6-4　第三方绩效评价功能应用导航①

1. 评价任务管理

(1)挑选项目

财政部门和预算部门结合本年度绩效管理工作安排与财政部门绩效评价工作要求,挑选符合要求的重点评价项目,通过预算绩效管理系统上报财政部门。

(2)下达评价任务

财政部门根据预算主管部门的反馈确定重点评价项目,并下达评价任务。预算主管部门和预算单位接受评价任务之后,及时提交项目相关信息。

(3)挑选中介

财政部门根据项目绩效评价工作实际需求生成评价任务,从中介库中抽取满足要求的中介机构,并传达评价任务与中介评价工作流程实施要点。

2. 评审任务管理

(1)评审方案管理

根据平台提交的项目评审方案生成工作方案评审任务,向政府采购

① 刘国永,李文思,王萌.全面实施预算绩效管理实践指导[M].镇江:江苏大学出版社,2019.

平台提交专家抽取申请并确定评审专家。

确定评审专家组成人员之后，及时下达工作方案评审任务书，以便专家明确工作方案评审任务要求。

借助预算绩效管理信息系统，委托方可对工作方案评审任务的具体执行情况实施评审任务监控。一旦出现异常，可及时介入管理。

（2）评审报告管理

根据系统提交的项目评审报告生成项目报告评审任务，根据项目需求沿用评审专家或重新向政府采购平台提交专家抽取申请并确定新的项目报告评审专家。

确定项目报告评审专家组成员之后，应及时下达项目报告评审任务书，以便专家明确项目报告评审任务要求。

借助预算绩效管理信息系统，委托方可对项目报告评审任务的具体执行情况实施评审任务监控。一旦出现异常，可及时介入管理。

3. 评价任务接受

第三方机构接到评价任务书，在充分理解任务诉求的基础上，根据项目评价工作要求细化各阶段项目评价工作安排，包括参与评价工作的人员信息与阶段性任务布置等。

4. 评价方案撰写

评价方案撰写模块主要有 3 个任务，分别是指标设计、问卷设计与方案撰写。

（1）指标设计

指标设计体系主要包括综合表和要素表。综合表主要包括指标设计、业绩值设计和评分公式等整体设计；要素表是对各指标进行要素解释及数据类型定义。

对项目的指标体系进行管理，包括指标的新增、修改和删除，并可以对指标进行权重和评分公式的设置及指标层级修改，通过指标体系综合表对单个二级指标逐个进行维护。

（2）问卷设计

预算绩效管理综合服务平台可根据用户需要进行问卷的自定义设计，系统提供问卷的新增、修改、删除和提示信息的功能。问卷类型包含基本信息单选题、基本信息多选题、满意度题和主观题。

(3)方案撰写

预算绩效管理综合服务平台可根据用户需要在线进行评价方案的编写。选择需要进行方案撰写的项目,进入方案撰写界面;系统提供评价方案的模板,包括封面、评价方案内容和附件等;只需录入相应的内容,系统便可自动生成评价方案;评价方案的内容和排版在自动生成过程中,还可对方案进行删除和在线查看等操作。

5. 评价方案评审

(1)专家签到

预算绩效管理综合服务平台可根据项目实际需要实施在线方案评审。专家进入方案在线评审模块后,确定评审项目基本信息无误,进行签到。

(2)专家评审

专家进入评审模块,首先查阅项目资料,完成阅读审核之后实施评审评分。专家对于项目评审过程中的扣分点需进行说明。在实际操作过程中,如意外情况出现,评审专家可临时保存当时工作进度。评审过程中或评审结束后,可在“评审结果总览”一栏中查看项目总体评分情况。

专家完成评审之后,提交评审意见至专家组组长处。

(3)小组意见汇总

专家组组长在完成项目工作方案评审工作之后,需完成小组意见汇总,总结评审综合结论和意见,并对未接纳的相关专家评审意见做出未采纳理由说明。在完成以上工作之后,将工作方案评审意见提交至财政部门。

6. 评价报告撰写

(1)问卷分析

用户可根据置信度与误差计算出需要发放的问卷数量,并在平台内完成问卷发布。问卷发布前需设置相关内容,必须完成问卷名称、问卷导言和样本量等要素填写之后才能够提交问卷。

问卷审核无误后,可进入发布状态。发布之后的问卷,用户可根据需要查看问卷答题情况。

根据问卷录入系统的结果和平台自带的常用问卷调查统计分析公式,系统可从均值、方差、信度和效度等多个角度对调查结果展开分析。

其中,关于缺省值的处理方式,系统提供了按平均分处理、按题目中间分处理和按满分处理等方式,可根据实际情况有针对性地筛选合适的处理方式。关于数据分析结果的直观展示方式,系统提供了数据视图、折线图和柱形图三种可选方式。问卷分析结果可通过 Excel 表格形式导出。

(2)指标评分

基于数据采集阶段填写的指标业绩值与基础信息表,结合项目后期新增资料信息的变动,对之前填写的指标业绩值进行调整。如果并未填写指标值,可选择手动评分。系统提供指标的计算、保存、导出、生成底稿、上传和提示等多项功能。

(3)报告撰写

进入评价报告撰写模块,系统自动提供评价模板,包括封面、评价方案内容、附件等,根据栏目要求依次录入,系统即可生成自动评价报告。

用户可通过查看功能浏览完整的评价报告,也可通过导出功能将评价报告以 word 格式保存以便后续使用。此外,用户可通过系统查询项目评价实施全过程。

7. 评价报告评审

(1)专家签到

预算绩效管理综合服务平台可根据项目实际需要,实施在线报告评审。专家进入绩效评价在线评审模块,确定评审项目基本信息无误后,进行签到。

(2)评审评分

专家进入评价模块,首先查阅项目资料,完成阅读审核之后,实施评价评分。专家对于项目评审过程中的扣分点需进行说明。在实际操作过程中,如特殊情况出现,评审专家可临时保存当时工作进度。评审过程中或评价结束后,可在"评价结果总览"一栏中查看报告总体评分情况。

专家完成报告评审之后,提交评审意见至专家组组长处。

(3)意见汇总

专家组组长在完成项目评价报告评审工作之后,需完成小组意见汇总,总结评审综合结论和意见,并对未接纳的相关专家评审意见做出未采纳理由说明。

在完成以上工作之后,将评价报告评审意见提交至财政部门。

（四）系统与平台展望

未来系统和平台将进一步优化系统架构，提升系统智能化程度。按照业务部署，将在“互联网+”应用模式下开展绩效评价工作。完善内网分级部署，加强外网统一部署，借助最前沿的绩效管理模式，运用最先进的互联网技术，遵循全方位绩效管理和管理范围全覆盖的要求，实现预算与绩效一体化管理。

（1）系统架构方面。系统与平台架构将由C/S模式向B/S模式转换，系统功能的可配置性将增强，操作更加便捷，界面更加美观，功能更加完善。

（2）业务逻辑方面。系统与平台将更好地实现从绩效前评估、绩效目标申报、绩效运行监控、绩效后评价及结果应用的全过程预算绩效管理，实现对各级政府收支预算、部门和单位预算收支、政策和项目预算的全面绩效管理。将“四本”预算全部纳入绩效管理，实现支持政府投资基金、政府和社会资本合作（PPP）、政府采购、政府购买服务和政府债务等绩效管理，建立“部门—政策—项目”全方位业务体系。

（3）管理流程方面。系统与平台将提供更加清晰的预算绩效管理的业务逻辑和流程，以及丰富的参与模式，构建起科学、专业、高效的管理路径，完善的组织/个人晋级培训体系，同时，更加严谨、全面地保障第三方中介与专家参与预算绩效管理工作。

（4）智能发展方面。系统与平台将实现绩效指标体系的深化研究与智能推荐，支持精准案例和模板多种方式推荐，使指标与业务内涵关联更加紧密，内在逻辑更加严谨；采用全过程数据智能化分析，支持全过程穿透查询，多维度图表展现数据结果。

1. 内网部分展望

预算绩效管理系统（内网）将进一步打造全过程绩效管理，细化的流程管理将绩效管理与预算全过程有机融合。

具体来说，完善项目库建设，全面充实项目信息，提前组织项目编审、储备工作，实现项目滚动管理，建立项目储备机制，对部门项目实行分层、分级管理。

建立项目全生命周期管理，为主管部门提供项目立项、执行、结项的科学管理手段，借助系统的分析及决策辅助工具有效提升结果应用水平，实现预算管理、绩效管理和项目管理的有机融合。

涵盖全绩效主体，将所有绩效主体纳入绩效管理流程，同时根据各主体职责不同，配置个性化的业务功能；完善绩效综合考核，支持涵盖部门和下级财政，形成地区绩效指数。

同时，围绕部门单位的职能及发展规划，定制开发分行业、分领域的项目管理系统，拓展行业分析应用，涵盖公交、水利、教育、卫生、扶贫和农业等行业的分析应用模型。

2. 外网部分展望

预算绩效管理平台（外网）将更好地为第三方机构成长提供支持，创新绩效评价模式，致力于成为第三方联盟之家，缔造从业者专业进阶体系，开启全天候专家支持模式。外网平台作为绩效行业标准和规范建设者，要依托平台促进监管完善，推进良性行业发展环境的构建，提升总体行业水平，结合绩效大数据的挖掘与应用，探索政府公共服务标准及财政预算支出标准的建立，为财政管理和政府治理提供支撑。

具体来说，对于第三方机构，要开展全覆盖评价业务，为进一步丰富指标分类、绩效指标和指标内涵、智能化指标推荐，提供全面的辅助支持；建立全覆盖评价业务系统，覆盖全类型绩效评价业务；丰富项目动态管理的功能，完善问卷线上数据采集，提供多平台的客户接入手段，扩充系统分析模型，项目数据实时分析实时反馈，进一步降低评价成本；完善数据处理和数据分析，立足多维视角和多元数据，为科学评价提供有力的支撑。

对于绩效从业人员，打造绩效云课堂，建立绩效行业独有的深度学习体系，全程记录学习者的学习成绩、学分、证书、等级、实践经验、老师评价和个人学习简历等，以用户在平台上学习内容、学习时长、课程考核和实践经验作为分类用户层级依据，引导并促使用户的绩效水平层级提升。对于专家和质控师，将提供信息发布、绩效管理、实时反馈、有效撮合与费用结算等一系列功能，提升用户的黏性以及评价效率和质量；同时，提升平台友好性，降低平台的使用门槛。

对于政府与行业管理机构，要建立绩效大数据，提供可视化分析、政策执行监控预警、应用场景决策辅助、应用场景模拟评价、绩效专家服务系统、公共服务支出与评价标准等系列模型和智能辅助支持系统，为政府决策提供数据支撑。

四、区块链技术在政府预算绩效管理中的应用

（一）区块链概念

1. 区块链定义

区块链是由包含交易信息的区块从后向前有序连接起来的数据结构。双方在交易时留下的必要信息包含于区块中，通常一个区块会包含几百个交易，同时也会包含其他的必要信息。每一个区块都会包含上一个区块的唯一标识值（其实就是对父区块的不可逆的哈希计算），也就是说每个区块都会有唯一一个父区块，创世区块没有父区块（起始的区块）。如此就可以将所有的区块按照先后顺序，通过父子相认的关系串联起来。

由于区块链附有时间戳，顺序只能是单向的且不可逆的，因此配以密码学方式就可保证数据的不可复改和不可伪造。每个区块通过使用加密签名，连接到下一个区块。人们可以拥有一个证据确凿、记录相同的电子账本，可以互相交易，也可以被拥有适当权限的人查阅。由多方共同维护建立信任机制，可运用在一些信用环境较低的场景里并用较低的成本实现信任。

2. 区块链技术的特点

（1）去中心化、共识机制

区块链最明显的特征就是数据库账本采用分布式的形式，每个节点的公开账本都存有交易数据信息。很多节点实时同步且共同维护分布式账本，此外，在记账交易过程中，必须按照复杂密码算法的有关规定，如 Hash 算法等。每一个节点具有相同的义务以及权利，如果一个节点失效，则对于体系完整性不会造成影响，其特点为分布存储、分布传播、分布记账，也是解决信任问题的最大亮点。

（2）匿名保护、不可复改

系统里不同的节点都具有完整数据库，若想对交易信息进行复改，则需要对其中 51% 的节点进行控制，反之，若只改变其中几个节点，则不会对其他节点造成任何影响，也不会影响账本整体的正确性与完整性。区块链在记录以及验证信息的过程中，采用的是加密算法，如果能

够将密码问题解决，则可获取交易的记录数据。如果其中一个节点出现欺骗的情况，则其他节点就会丢弃以及排斥该节点，因此想要复改信息是不可能的，这样，交易过程中的安全和信任问题就可迎刃而解。

（3）隐私性和可追溯性

尽管交易信息的广播对象是全网，任何一个节点都了解交易的具体内容，然而仍然可以很好地保护交易者的隐私。将公钥创建成匿名，节点获得的内容仅为交易的记录，然而这些记录和指定人之间并没有任何联系，网络以外的参与人员基本无法对交易双方进行确定。这与网络下交易所发布的信息一样，事件的具体活动经过、时间等都在账本中进行记录以便查询，然而参与人员的身份却被很好地保护起来不会被暴露。

（二）区块链技术特征与预算绩效管理的契合点

1. 去中心化和自治性

去中心化是区块链技术最明显的特征之一，它强调数据的分布式记录，不存在中心服务器的第三方监管，每个节点获得数据信息的权利和义务相同。而自治性建立在去中心化的基础上，链区内有统一的协议保障运行，并根据既定条件自动触发。因此，所有部门节点都可以参与到数据信息的交换与维护中，其他节点不能对自身造成任何干预。

2. 透明性和开放性

透明性和开放性也可以说是区块链提供服务的无权限性，指整个区块链的数据记录和后续操作都是对全节点开放展示的。而在预算绩效管理中追求的是评估和考核的原则、方式，流程的公平、公正和公开，做到“奖有根据，罚有追溯”。因此，区块链的这一技术特点是完全符合预算绩效管理要求的。

3. 信息不可篡改

信息不可篡改，这是区块链技术被人们看重的另一个原因。数据一旦通过验证添加就会永久储存，不可复改。当然这并不是说不能修改，如果修改必须要得到其他节点的认同，而且后续的相关数据都要更改，这当中花费的成本是十分高昂的。所以，区块链技术数据来源的持续保证是值得信任的。预算绩效管理十分注重这点，不管是对成本差异的度量还是最终的报告数据区分都需要准确的数据支持，只有这样，才能有效衡量阶段绩效水平。

（三）区块链技术下的预算绩效管理

1. 将对“人”的信任转变为对“机器”的信任

区块链去中心化和自治性的特征使任意节点的权利和义务都是均等的，系统中的数据块由整个系统中具有维护功能的节点来共同维护，且使得整个系统中的所有节点能够在可信任的环境自由安全地交换数据，使得对“人”的信任改成了对“机器”的信任，任何人为的干预都不起作用。这使预算绩效管理中主观性过强的问题得到解决。

2. 保证预算绩效管理过程、结果公平

区块链技术与政府预算绩效管理相结合后，预算绩效管理由人工转向智能合约，绩效计划的制定相当于合约的生成，绩效监控中的各方面由区块链中不同的节点构成；智能合约一旦订立就难以修改，预算绩效管理过程中产生的数据信息可被追溯并永久保存。工作人员在绩效期间的表现都通过区块链的各个节点直接写入智能考评系统，从而保证绩效考核所参考数据的真实性。智能合约根据考评结果生成不同的绩效反馈任务，对工作人员在绩效过程中的“功过”客观分析，生成详细的数据，工作人员可在个人节点查看，为个人未来工作的改进提升提供参考。系统的客观性和信息不可复改的特点使预算绩效考核过程的公平、公正得到保证。解决了传统预算绩效管理过程不透明的问题，绩效考评的结果也易于被工作人员接受。同时做到提高公信力和降低成本。公开透明的绩效考评可以满足工作人员的心理契约，使结果对工作人员产生正向激励作用，这有助于预算绩效管理目标的达成。

3. 降低人工管理成本

利用区块链技术建立智能合约的“共识机制”。智能合约将工作人员与具体任务相连接，对预算绩效过程进行智能监控，在监控中出现的问题由区块链的资源和管理者共同解决，从而减少了人力资本的消耗。

在数字经济、数字政府与数字社会三位一体的“数字中国”建设浪潮中，政府职能的优化与行政触手的延伸使其积累了大量的政务数据，但目前这些数据的价值还尚未得到充分开发和应用。利用区块链技术创新,将区块链技术嵌入现代财政预算绩效管理中,进一步完善财政预算绩效管理,提高财政资金的使用效率,还是一个新的探索领域,这既是一个新的机遇,也是新的挑战。

参考文献

[1] 张俊杰，杨立和．预算绩效目标管理及指标体系设计与应用 [M]. 北京：经济科学出版社，2021.

[2] 袁娇．公共预算绩效管理的决策机制研究 [M]. 北京：经济科学出版社，2021.

[3] 汪谦，史国云，陶慧平．全面实施预算绩效管理操作实务 [M]. 北京：中国财政经济出版社，2020.

[4] 刘天琦．中期预算框架下预算绩效管理改革研究 [M]. 北京：经济日报出版社，2020.

[5] 谢柳芳．国家治理视域下政府审计与预算绩效研究 [M]. 北京：科学出版社，2020.

[6] 刘国永，李文思，王萌．全面实施预算绩效管理案例解读 [M]. 镇江：江苏大学出版社，2019.

[7] 张俊杰．预算绩效管理业务问答与实务示例 [M]. 北京：经济科学出版社，2019.

[8] 王泽彩．政府预算绩效评价指南 [M]. 北京：经济科学出版社，2019.

[9] 胡华．中国地方预算绩效管理研究 [M]. 太原：山西经济出版社，2018.

[10] 马洪范．财政与国家治理系列丛书建立全过程预算绩效管理体系 [M]. 北京：经济科学出版社，2018.

[11] 晁毓欣．全面预算绩效管理下财政政策绩效评价研究与探索 [M]. 北京：经济科学出版社，2018.

[12] 白晓荣．绩效导向的预算改革研究 [M]. 北京：经济科学出版社，2018.

[13] 王竹泉，祝兵，孙莹．预算与绩效管理 [M]. 北京：中国财政经

济出版社,2017.

[14] 唐好军 . 新时期我国政府预算绩效管理研究 [M]. 长春：吉林大学出版社,2017.

[15] 许梦博,翁钰栋 . 政府预算绩效指标框架和指标库建设研究 [M]. 北京：人民邮电出版社,2016.

[16] 严思恩,吕宏 . 大数据时代下的全面预算与绩效考核 [M]. 上海：上海交通大学出版社,2016.

[17] 钟玮 . 结果导向的预算绩效管理实践研究 [M]. 北京：中国财政经济出版社,2016.

[18] 王泽彩 . 绩效政府预算的起点与终点 [M]. 上海：立信会计出版社,2016.

[19] 马媛 . 政府绩效预算中的绩效信息 [M]. 北京：国家行政学院出版社,2014.

[20] 程瑜 . 中国预算绩效管理制度创新研究 [M]. 北京：中国财政经济出版社,2014.

[21] 王海涛 . 推进我国预算绩效管理的思考与研究 [M]. 北京：经济科学出版社,2014.

[22] 李尽法 . 绩效预算管理工具创新 [M]. 北京：中国财政经济出版社,2014.

[23] 蔡军 . 绩效导向型公共预算管理研究 [M]. 北京：中国书籍出版社,2013.

[24] 毛翠英 . 财政预算绩效目标管理研究 [M]. 北京：中国财富出版社,2013.

[25] 孙克竞 . 政府部门预算支出绩效管理研究 [M]. 大连：东北财经大学出版社,2012.

[26] 王宏利 . 财政支出、经济结构与预算绩效评价 [M]. 北京：经济科学出版社,2011.

[27] 杨玉霞 . 中国政府预算改革及其绩效评价 [M]. 北京：北京师范大学出版社,2011.

[28] 吕昕阳 . 典型发达国家绩效预算改革及其借鉴研究 [M]. 北京：中国社会科学出版社,2011.

[29] 邓毅 . 绩效预算制度研究 [M]. 武汉：湖北人民出版社,2009.

[30] 王进杰 . 政府绩效预算管理改革研究 [M]. 北京：中国财政经

济出版社，2009.

[31] 马国贤 . 政府预算理论与绩效政策研究 [M]. 北京：中国财政经济出版社，2008.

[32] 赵保卿 . 基于平衡计分卡的高校预算资金绩效审计考评指标体系研究 [M]. 北京：中国工商出版社，2008.

[33] 张友棠 . 财务预算与绩效管理制度设计 [M]. 北京：中国财政经济出版社，2008.

[34] 珍妮特 · M. 凯丽，威廉姆 · C. 瑞文巴克 . 地方政府绩效预算 [M]. 苟燕楠，译 . 上海：上海财经大学出版社，2007.

[35] 游祥斌 . 公共部门绩效预算研究 [M]. 郑州：郑州大学出版社，2007.

[36] 杨序国，何稳根 . 绩效管理何以见绩效 [M]. 长沙：湖南科学技术出版社，2006.

[37] 朴愚，顾卫俊 . 绩效管理体系的设计与实施 [M]. 北京：电子工业出版社，2006.

[38] 赵国军，张和平，陶旭 . 破解企业绩效管理中的 8 大难题 [M]. 北京：机械工业出版社，2006.

[39] 蔡春，刘学华 . 绩效审计论 [M]. 北京：中国时代经济出版社，2006.

[40] 张志超 . 美国政府绩效预算的理论与实践 [M]. 北京：中国财政经济出版社，2006.

[41] 蔡军 . 财政绩效管理研究 [M]. 长春：吉林大学出版社，2005.

[42] 马国贤 . 政府绩效管理 [M]. 上海：复旦大学出版社，2005.

[43] 皇甫刚 . 绩效考核与管理案例 [M]. 北京：电子工业出版社，2005.

[44] 胡登峰 . 强化基层财政预算绩效管理研究 [J]. 中国乡镇企业会计，2022（3）：105-107.

[45] 张艳静 . 关于行政事业单位加强预算绩效管理工作的思考 [J]. 行政事业资产与财务，2022（4）：19-21.

[46] 刘凤梅 . 预算绩效管理的成效及问题探讨 [J]. 财会学习，2022（6）：75-77.

[47] 高颖 . 行政事业单位预算绩效管理现状及改进建议 [J]. 行政事业资产与财务，2022（3）：17-19.

[48] 崔芳.基于有效内部控制的事业单位预算绩效管理探究 [J]. 财会学习,2022(5):55-57.

[49] 王泽彩,刘薇."十四五"时期预算绩效管理制度改革研究 [J]. 财政监督,2022(4):54-58.

[50] 马蔡琛,桂梓椋.探索预算绩效监督的中国模式:基于国际比较视角 [J]. 经济纵横,2022(1):102-109.

[51] 张丹,周小婷.第三方机构参与预算绩效管理评价路径优化探讨 [J]. 预算管理与会计,2022(2):35-38.

[52] 吕丰益.绩效管理在财政预算资金中的运用 [J]. 中国产经,2022(2):39-41.

[53] 王志刚.全面实施预算绩效管理存在的问题及对策 [J]. 财富生活,2022(2):97-99.

[54] 徐婷,崔春莹,于逸凡.地方政府预算绩效管理的国际经验与借鉴 [J]. 财会通讯,2021(21):149-152.

[55] 张慧.预算绩效管理的成效及问题分析 [J]. 中国市场,2021(32):143-144.

[56] 徐婷,刘伟,胡志明.我国地方政府预算绩效管理改革效果实证研究——以湖北省为例 [J]. 财会通讯,2021(19):76-78.

[57] 张扬,孙敏,李文忠.政府预算绩效管理及对军队预算管理的启示 [J]. 中国管理信息化,2021,24(18):40-41.

[58] 周建伟.政府预算绩效管理现状和措施分析 [J]. 农村经济与科技,2020,31(24):102-103.

[59] 冉欣怡.绩效审计服务全面预算绩效管理的路径研究 [J]. 审计与理财,2020(12):14-16.

[60] 刘薇."十四五"时期全面深化预算绩效管理的几点思考 [J]. 当代农村财经,2020(12):24-28.

[61] 马蔡琛.预算绩效管理改革研究综述 [J]. 湖南财政经济学院学报,2020,36(6):5-13.

[62] 周山.预算绩效管理视角下政府绩效审计质量提升对策探讨 [J]. 中国内部审计,2020(9):74-77.

[63] 王延青.探索政府预算绩效管理的现状与优化策略 [J]. 财经界,2020(29):10-11.

[64] 杨彦柱.多中心治理下政府预算绩效管理问题探究 [J]. 财会

通讯，2020（18）：172-176.

[65] 马蔡琛，赵笛．大数据时代全过程预算绩效管理体系建设研究[J]. 经济纵横，2020（7）：114-122.

[66] 彭颖，王焱．地方政府推进全面预算绩效管理的挑战与进路[J]. 地方财政研究，2020（6）：77-82.

[67] 曹堂哲，陈铭媛，潘昊．英国政府预算绩效管理中的成本收益分析——溯源、制度、应用与展望[J]. 财政监督，2020（12）：50-59.

[68] 申亮，王玉燕．加强信息公开 推动全面实施预算绩效管理[J]. 中国财政，2020（10）：64-65.

[69] 孙凌越．J 省财政支出预算绩效管理研究[D]. 吉林财经大学，2021.

[70] 夏纯杰．A 省财政预算支出绩效评价研究[D]. 哈尔滨工程大学，2021.

[71] 吴晓燕．地方政府预算绩效目标管理研究[D]. 中共上海市委党校，2020.

[72] 和亚龙．基于平衡计分卡的政府项目预算绩效管理研究[D]. 郑州大学，2020.

[73] 陈亮．我国政府绩效管理的现状分析及优化[D]. 山东师范大学，2014.